La méthode
ENDUROFIT ONE
course à pied

DU 5 KM AU MARATHON

La méthode
ENDUROFIT ONE
course à pied

DU 5 KM AU MARATHON

1 WORKOUT PAR SEMAINE!

**Réduction du risque de blessure
... et beaucoup de temps libre!**

ALAIN FROMENT
ENDUROFIT.ONE

© Alain Froment 2019

Tous droits réservés. Ce livre ou toute portion de ce livre ne peut pas être reproduit ou utilisé de quelque manière que ce soit sans le consentement écrit de l'auteur.

endurofit.one

ISBN 978-2-9818007-1-8

Dépôt légal – Bibliothèque et Archives nationales du Québec, 2019

À ma femme, **Annie Roussy**,
que j'aime plus que tout.

AVERTISSEMENT

Vous devez consulter un professionnel de la santé avant de commencer tout programme d'exercices. L'auteur de ce livre n'est ni médecin, ni kinésiologue, ni physiothérapeute. Ce livre prend en considération que vous êtes responsable et que votre santé vous permet d'exécuter les programmes d'entrainement exposés dans ce livre.

De plus, le contenu de ce livre reflète les opinions de l'auteur seulement, acquises grâce à son expérience et sa connaissance des sujets en cours de discussion. Les informations contenues dans ce livre doivent être utilisées à titre indicatif seulement. Les programmes et les informations contenus dans ce livre ne sont pas destinés à fournir des conseils médicaux. Les résultats, le cas échéant, des programmes d'exercices, varient sur une base individuelle. Son auteur n'assume aucune responsabilité, et ne doit pas être tenu responsable de toutes blessures, maladies ou autres pertes en raison de l'utilisation de toute ou d'une partie de l'information exposée dans ce livre.

SOUVENT BLESSÉ OU À COURT DE TEMPS?

La méthode
ENDUROFIT ONE
course à pied

C'EST :

La méthode d'entraînement en course à pied la plus efficace pour être en forme, courir vite et progresser rapidement avec seulement

1 WORKOUT PAR SEMAINE!

Réduction du risque de blessure
... et beaucoup de temps libre!

DU 5 KM AU MARATHON

TABLE DES MATIÈRES

Préface *La mission d'un fou* 13

Introduction *Allons courir* 15

Chapitre 1 : Les WoWs (Workouts of the Week) 19
    Les WoWs Série Performance..23
    Les WoWs Série Vie Active...71

Chapitre 2 : Les principes ENDUROFIT..83
    Principe #1 : Spécificité..85
    Principe #2 : Faible Volume 89
    Principe #3 : Récupération Active 89

Chapitre 3 : Oubliez les plans d'entrainement traditionnels............97
    3 mythes à oublier 105
    4 règles à retenir 113

Chapitre 4 : L'endurance, c'est quoi? 117

Conclusion *Encore septique?*..125

Annexes...127
    Annexe 1 : Tableau d'équivalence des performances du 5 km au marathon selon votre test 3 km...129
    Annexe 2 : Allures d'entrainement selon votre test 3 km..................135
    Annexe 3 : Plan d'entrainement 12 semaines 141

À propos de l'auteur 147

Bibliographie 149

PRÉFACE
LA MISSION D'UN FOU

« *Cela semble toujours impossible, jusqu'à ce qu'on le fasse.* »
Nelson Mandela

La première fois que j'entendis cette citation de Nelson Mandela, je n'y prêtai guère attention. Cependant, forcé d'admettre que beaucoup de défis et d'objectifs ont l'air irréalisables, mais lorsqu'on élabore des stratégies afin de les réaliser, tout semble subitement plus facile.

Je suis un passionné de musculation, de nutrition et de course à pied. Par le passé, j'ai été freiné dans ma progression, par de nombreuses blessures, en essayant de suivre les modèles d'entrainement traditionnels s'appuyant en grande partie sur l'augmentation du volume (augmentation de la fréquence et de la durée des séances) comme solution pour performer, tant en musculation qu'en course à pied. En revanche, la plupart des athlètes amateurs et même beaucoup d'athlètes professionnels suivent ces modèles avec succès et résultats probants. Par conséquent, l'histoire nous a démontré maintes et maintes fois que les principes d'entrainement traditionnels fonctionnent.

Cependant, ces modèles traditionnels d'entrainement

n'étaient pas pour moi la solution pour surcompenser adéquatement mes performances passées. Mon principal objectif était donc, avant tout, de trouver un moyen de progresser dans mes passions sans me blesser. C'est pourquoi, après plus de 2 ans d'essais et d'erreurs, j'ai réussi à concevoir mon propre concept d'entrainement favorisant la récupération, la réduction du risque de blessure et, surtout, la progression.

Ainsi, la philosophie d'entrainement ENDUROFIT est née. J'ai élaboré cette philosophie en concevant une méthode d'entrainement de course à pied, ENDUROFIT ONE, méthode basée sur les principes ENDUROFIT : spécificité, faible volume et récupération active. Ce livre explique donc en détails la méthode ENDUROFIT ONE et traite essentiellement de course à pied en proposant des séances d'entrainement spécifiques à cette discipline.

Grâce à ce livre, ma **MISSION** est maintenant de vous faire adopter ce style de vie, cette philosophie dont les principes, comme vous le verrez dans les chapitres suivants, vont totalement à contre-courant de ce qui se passait autrefois (et encore largement aujourd'hui) sur le terrain. Philosophie folle non fondée s'appliquant à un seul individu? À vous d'en juger, mais avant de critiquer la méthode, relevez le défi de l'essayer !

Êtes-vous prêts?

- Alain Froment
www.endurofit.one
info@endurofit.one

INTRODUCTION
ALLONS COURIR...

La majorité des auteurs de méthodes d'entrainement traitant de course à pied consacrent toujours les premiers chapitres de leur livre par introduire et expliquer la philosophie d'entrainement à l'origine même de la méthode, ainsi que les notions techniques en relation avec les idées que l'auteur veut véhiculer. Les dernières pages de leur livre sont généralement consacrées aux nombreux plans d'entrainement corrélés sur les principes préalablement exposés dans les premiers chapitres.

Cela assure d'abord que le lecteur a bien compris les concepts, les faits, le vocabulaire utilisé, les données scientifiques et la théorie de la méthode avant de passer ensuite à la pratique. Cette façon de faire traditionnelle est, en grande partie, calquée sur le domaine de l'enseignement, où l'enseignant expose d'abord, via un cours magistral, la théorie de la matière, et s'assure finalement de la compréhension de ses étudiants en proposant plusieurs exercices pratiques différents.

Ainsi, la structure d'un livre sur la course à pied est essentiellement construite sur le modèle pédagogique traditionnel. La première partie du livre est consacrée à la théorie et la dernière partie à la pratique. Les plans d'entrainement sont généralement divisés par distance (5 km, 10 km, demi-marathon, ou marathon) et par volume (nombre de séances par semaine). Le lecteur choisit donc le plan qui lui convient selon son niveau athlétique actuel et selon le volume d'entrainement qu'il est prêt à endosser. Cela permet d'avoir une bonne sélection de plans d'entrainement selon les besoins des différents lecteurs qui n'ont pas tous le même niveau athlétique. Malgré tout, inclure dans un livre un grand nombre de plans d'entrainement qui se ressemblent, alors que seule la distance et le volume changent, donne inévitablement l'impression que le livre est plus volumineux qu'il est en réalité.

Et si on faisait l'inverse? Par sa simplicité, nul besoin de comprendre de long en large les principes d'entrainement **ENDUROFIT** avant de pouvoir sortir dehors et courir. Ainsi, le lecteur peut immédiatement choisir et adapter les séances d'entrainement présentes dans ce livre sans nécessairement tout comprendre du pourquoi et des raisons d'être de cette méthode d'entrainement qui, comme vous allez le constater, est à des années-lumière des méthodes traditionnelles de course à pied.

Concept atypique et quelque peu déraisonné aux vues des puristes qui courent plus de 100 km par semaine? En bref, la méthode de course à pied **ENDUROFIT ONE**, c'est quoi?

Fatigué de ne plus progresser, d'être constamment blessé ou de mettre trop d'effort et de temps à l'entrainement pour le peu de résultats obtenus? **ENDUROFIT ONE** est donc pour vous! Alors que les méthodes traditionnelles ne jurent que par le "practice makes perfect", **ENDUROFIT ONE** est une méthode d'entrainement prônant le "just enough" et s'appuie sur les trois grands principes ENDUROFIT : la spécificité, le faible volume et la récupération active.

La seule notion à comprendre avant de pratiquer ENDUROFIT ONE est le WoW (Workout of the Week). Ce concept principal fait référence à la séance d'entrainement hebdomadaire que vous devez faire dans le cadre d'un programme ENDUROFIT ONE. Vous avez bien compris. Une seule séance par semaine suffit pour vous faire progresser et réduire votre risque de blessure.

Vous en doutez? Les pages suivantes vont vous guider, étape par étape, afin de vous permettre de choisir adéquatement, chaque semaine, une séance d'entrainement selon votre objectif et votre niveau athlétique. Suivez minutieusement les conseils et indications exposés dans le chapitre suivant et vous serez ensuite à même de commencer votre programme d'entrainement dès aujourd'hui.

Vous êtes seulement à quelques pages de chausser vos espadrilles et d'aller courir...

Chapitre UN

LES WoWs (WORKOUTS of the WEEK)
UN WOW CHAQUE SEMAINE

En 2017, à l'époque où l'idée commençait à émerger dans ma tête d'écrire ce livre et d'exposer au grand public ma méthode d'entrainement atypique, certains de mes collègues et amis coureurs me regardèrent de manière dubitative. Ils avaient de la difficulté à comprendre comment je pourrais progresser et avoir de bons résultats avec seulement une seule séance d'environ une heure par semaine.

« *Tu vas manquer de volume d'entrainement* », ils dirent. « *Ça sera peut-être suffisant pour une course de 5 km ou 10 km, mais oublie le demi-marathon et le marathon avec ce genre d'entrainement* », ils rajoutèrent.

Cependant, ayant pris part à plusieurs compétitions sur des distances allant du 5 km au demi-marathon, j'ai prouvé hors de tout doute qu'avec seulement 1 séance d'entrainement par semaine, je pouvais avoir des résultats acceptables, et ce, tout en réduisant au maximum mon risque de blessure.

Et le marathon? Je suis obligé d'avouer que cette distance mythique fait classe à part. Néanmoins, en suivant ma méthode d'entrainement « faible volume » à 1 workout par semaine, j'ai terminé un marathon à l'automne 2018 sur mes deux jambes, sans blessure et en pleine forme dès le lendemain.

Ainsi, pour ceux et celles qui veulent progresser en course à pied ou qui veulent simplement avoir un mode de vie actif, mais qui n'ont pas beaucoup de temps à consacrer à l'entrainement, ENDUROFIT ONE est tout indiqué pour vous. Même terminer un marathon sans blessure, avec le sourire, est possible avec la méthode ENDUROFIT ONE.

Cependant, si votre objectif est de vous qualifier pour le marathon de Boston, ENDUROFIT ONE n'est peut-être pas la méthode qu'il vous faut, car son principe « faible volume » amène rarement la séance au-delà d'une heure d'entrainement par semaine. Continuez ainsi de vous entrainer traditionnellement, en courant 4 à 6 heures par semaine, mais en gardant en tête que les athlètes ENDUROFIT peuvent malgré tout performer aussi bien que certains athlètes traditionnels, et ce, en y consacrant le quart du temps à l'entrainement.

Voici donc, dans ce chapitre, une compilation de workouts (WoWs) que vous pouvez utiliser dès maintenant pour vous entrainer. Les WoWs sont regroupés en 2 séries (Performance et Vie Active). Selon vos intérêts et vos objectifs, choisissez la série qui vous intéresse et qui vous convient. Vous pouvez également intégrer les deux séries dans un même programme d'entrainement. Par exemple, pour alléger certaines semaines, choisissez un WoW de la série Vie Active et revenez à la série Performance par la suite. En tout, 52 workouts sont détaillés dans les pages suivantes afin de vous permettre d'avoir un workout différent chaque semaine pendant un an. De plus, sur mon site web, www.endurofit.one, un WoW de ce livre y sera exposé aléatoirement chaque semaine.

Vous cherchez plutôt un plan d'entrainement pour un 5 km, un 10 km, un demi-marathon ou même un marathon? Sachez que vous avez la possibilité de regrouper plusieurs WoWs de façon logique afin de monter efficacement un programme d'entrainement en lien avec votre objectif. Je vous invite à lire les principes ENDUROFIT afin de vous familiariser avec la méthode, et comprendre le pourquoi de son efficacité.

Vous voulez de l'aide pour monter votre plan d'entrainement? Inspirez-vous de l'exemple du plan d'entrainement présenté en annexe 3 de ce livre ou écrivez-moi à info@endurofit.one pour connaître mes tarifs de consultant sportif.

SÉRIE PERFORMANCE

POUR QUI?

Les WoWs (Workouts of the Week) de la série Performance s'adressent à ceux et celles qui désirent progresser et performer en course à pied sur des distances allant du 5 km au demi-marathon.

Vous voulez courir un marathon? Vous pouvez également suivre tous les WoWs de la série Performance, mais n'oubliez pas de pratiquer également ceux spécialement conçus pour le marathon (WoW #25 et WoW #26).

Vous souhaitez seulement être actif, sans objectif de performance? Suivez les WoWs de la série Vie Active.

Les WoWs de la série Performance sont idéals pour ceux et celles qui :

- Veulent changer drastiquement leur façon de s'entrainer

- Se blessent (trop) souvent en suivant des méthodes d'entrainement traditionnelles.

- Ne progressent plus ou peu en suivant ces mêmes méthodes traditionnelles

- Manquent de temps à consacrer à l'entrainement.

Prérequis :

- Être capable de **courir** 30 minutes en continu sans arrêter. Dans le cas contraire, commencez par la série Vie Active.

VOLUME PAR SEMAINE?

Chaque WoW dure entre 30 minutes et 1 heure. Certains WoWs sont doublés (2h) ou même triplés (3h) et sont essentiellement préconisés pour un entrainement marathon. Vous devez faire un WoW chaque semaine. Pour déterminer votre objectif et vos allures d'entrainement, suivez les étapes de la page suivante.

ÉTAPE 1 : Faites le test 3 km

Courez une distance de 3 km (WoW #1) et notez le temps total de la séance. Le temps obtenu sera votre référence pour déterminer votre objectif pour la distance désirée et vos allures d'entrainement pour tous les WoWs.

ÉTAPE 2: Découvrez votre temps objectif et vos allures d'entrainement

Sélectionnez, dans l'**annexe 1**, l'objectif de temps pour la distance désirée (5 km, 10 km, demi-marathon ou marathon) selon votre résultat de l'étape 1.

Découvrez ensuite, grâce à l'**annexe 2** vos allures d'entrainement (A1 à A5) selon votre résultat de l'étape 1.

ÉTAPE 3: Allez courir!

Choisissez chaque semaine un WoW parmi les WoWs disponibles dans les pages suivantes. Il n'est pas conseillé de faire les WoWs dans l'ordre. Sélectionnez plutôt un WoW selon votre niveau (débutant, intermédiaire, avancé) et selon l'intensité désirée (faible, moyenne, élevée). Peu importe votre distance- objectif de l'étape 2, tous les WoWs peuvent être pratiqués. Cependant, les WoWs #40, #41, #42, #43 et #44 sont spécifiques à la distance de compétition pour laquelle vous vous entrainez. Vous pouvez aussi décider de faire le WoW décrit sur www.endurofit.one.

CONSEILS

1. Les allures indiquées dans les WoWs vont de **A1** à **A5**. Cela correspond aux zones d'entrainement indiquées dans l'**annexe 2**. Ces zones sont déterminées selon votre résultat au test 3 km obtenu à l'étape 1. Respectez les allures prescrites dans chaque WoW.

2. Faites un seul WoW une fois par semaine.

3. Les jours de récupération entre les WoWs **NE** sont **PAS** considérés comme des jours de récupération passive. Vous devez demeurer actif pendant ces journées. Aller marcher, promener le chien, vous rendre à l'arrêt d'autobus en courant, etc.

4. Si vous stagnez dans votre progression (ou pire, régressez), vos journées de récupération active ne sont sûrement pas assez actives. Si vous ne le faites pas déjà, je vous conseille de marcher au minimum 2 fois par semaine en plus de votre WoW hebdomadaire.

5. Si la marche n'est pas suffisante pour une progression notable (ou si vous manquez de temps), remplacez cette dernière par seulement 10 minutes courues à allure soutenue (entre A1 et A3), 1 fois par semaine, en plus de votre WoW hebdomadaire. Vous pouvez aussi réduire légèrement votre période de récupération et faire un WoW à tous les 5 ou 6 jours au lieu du 7 jours initialement prescrit. Voir le principe de « Récupération Active » pour plus de détails.

WoW #1

DURÉE : 4 km
INTENSITÉ : Élevée
NIVEAU : Débutant, intermédiaire, avancé

DESCRIPTION SOMMAIRE :

Test 3K

DESCRIPTION :

Après un échauffement d'au moins 1 km, courez le plus vite possible pendant **3 km**. Notez le temps obtenu. Ce test dictera vos allures d'entrainement pour tous les autres WoWs.

WoW #2

DURÉE : 30 minutes
INTENSITÉ : Moyenne
NIVEAU : Débutant, Intermédiaire, avancé

DESCRIPTION SOMMAIRE :

Progressif: 10-10-10

DESCRIPTION :

3 blocs de 10 minutes en progressif, de **A1** à **A3** : Commencez par courir 10 minutes à **A1**, suivies de 10 minutes à **A2** et terminez la séance par 10 minutes à **A3** (sans récupération entre les blocs).

WoW #3

DURÉE : 42 minutes
INTENSITÉ : Élevée
NIVEAU : Intermédiaire, avancé

DESCRIPTION SOMMAIRE :

Pyramide: 10-10-2-10-10

DESCRIPTION :

Commencez par courir 10 minutes à **A1**. Enchaînez avec 10 minutes à **A2**, 2 minutes à **A4**, 10 minutes à **A2**, puis 10 minutes à **A1**.

WoW #4

DURÉE : 30 minutes
INTENSITÉ : Faible
NIVEAU : Débutant, intermédiaire, avancé

DESCRIPTION SOMMAIRE :

30 min @ **A1**

DESCRIPTION :

Courez à **A1** pendant 30 minutes.

WoW #5

DURÉE : 32 minutes
INTENSITÉ : Élevée
NIVEAU : Intermédiaire, avancé

DESCRIPTION SOMMAIRE :

4 X 4 min (récup. 2 min)

DESCRIPTION :

Commencez par un échauffement de 10 minutes, puis enchaînez avec 4 blocs de 4 minutes à **A3** en prenant 2 minutes de récupération (course lente) entre chaque bloc.

WoW #6

DURÉE : 50 minutes
INTENSITÉ : Moyenne
NIVEAU : Débutant, intermédiaire, avancé

DESCRIPTION SOMMAIRE :

50 min entre **A1** et **A2**

DESCRIPTION :

Courez 50 minutes entre **A1** et **A2**.

WoW #7

DURÉE : 53 minutes
INTENSITÉ : Élevée
NIVEAU : Débutant, intermédiaire, avancé

DESCRIPTION SOMMAIRE :

2 X (5 X (2 min- 2 min))

DESCRIPTION :

Commencez par un échauffement de 10 minutes, puis enchaînez avec 2 blocs de 5 répétitions de 2 minutes à **A5** suivis de 2 minutes à **A1**. Prenez une récupération de 3 minutes entre les 2 blocs.

WoW #8

DURÉE : 40 minutes
INTENSITÉ : Moyenne
NIVEAU : Débutant, intermédiaire, avancé

DESCRIPTION SOMMAIRE :

Dégressif 10-10-10

DESCRIPTION :

Commencez par un échauffement de 10 minutes, puis enchaînez avec un 10 minutes à **A3**, puis un 10 minutes à **A2** et terminez par un 10 minutes à **A1**

WoW #9

DURÉE : 1 heure
INTENSITÉ : Faible, moyenne
NIVEAU : Débutant, intermédiaire

DESCRIPTION SOMMAIRE :

Fartlek avec marche (1h)

DESCRIPTION :

Courez selon votre niveau de forme entre **A1** et **A3** pendant 1h. Incorporez des portions marchées si désirées.

WoW #10

DURÉE : 45 minutes
INTENSITÉ : Faible
NIVEAU : Débutant, intermédiaire, avancé

DESCRIPTION SOMMAIRE :

45 min @ **A1**

DESCRIPTION :

Courez 45 minutes à **A1**

WoW #11

DURÉE : 9 km
INTENSITÉ : Moyenne
NIVEAU : Débutant, intermédiaire, avancé

DESCRIPTION SOMMAIRE :

4K @ **A2** +
2K @ **A3** +
1K @ **A4**

DESCRIPTION :

Après un échauffement de 1 km, courez 4 km à **A2**, suivis de 2 km à **A3** et terminez avec 1 km à **A4**. Prenez 500 m de récupération entre chaque bloc.

WoW #12

DURÉE : 50 minutes
INTENSITÉ : Moyenne
NIVEAU : Débutant, intermédiaire, avancé

DESCRIPTION SOMMAIRE :

20 min @ **A2** +
10 min @ **A3** +
5 min @ **A4**

DESCRIPTION :

Après un échauffement de 10 minutes, courez 20 minutes à **A2,** suivies de 10 minutes à **A3** et terminez avec 5 minutes à **A4**. Prenez 2 minutes 30 de récupération entre chaque bloc.

WoW #13

DURÉE : 12.6 km
INTENSITÉ : Élevée
NIVEAU : Débutant, intermédiaire, avancé

DESCRIPTION SOMMAIRE :

10 X 800m (récup. 400 m)

DESCRIPTION :

Commencez par un échauffement de 1 km, puis enchaînez avec 10 répétitions de 800 mètres à **A4** avec 400 mètres de récupération (course lente) entre chaque répétition. Si vous êtes débutant, il n'est pas nécessaire de faire les 10 répétitions. Essayez d'en faire jusqu'à ce que vous ne puissiez plus tenir l'allure à **A4**.

WoW #14

DURÉE : 44 minutes
INTENSITÉ : Moyenne
NIVEAU : Débutant, intermédiaire, avancé

DESCRIPTION SOMMAIRE :

4 X 7 min @ **A2** (récup. 2 min)

DESCRIPTION :

Commencez par un échauffement de 10 minutes, puis enchaînez avec 4 blocs de 7 minutes à **A2**. Prenez 2 minutes de récupération (course lente) entre chaque bloc.

WoW #15

DURÉE : 5.8 km
INTENSITÉ : Moyenne, élevée
NIVEAU : Débutant, intermédiaire, avancé

DESCRIPTION SOMMAIRE :

4 X 1200 m en progressif (récup. 3 min passive)

DESCRIPTION :

Échauffement de 1 km. Courez ensuite 1200 mètres à **A1**, puis 1200 mètres à **A2**, puis 1200 mètres à **A3** et finalement 1200 mètres à **A4**. Prenez un 3 minutes passif (arrêt complet) entre chaque répétition.

WoW #16

DURÉE : 40 minutes
INTENSITÉ : Moyenne
NIVEAU : Débutant, intermédiaire, avancé

DESCRIPTION SOMMAIRE :

30 min @ **A2**

DESCRIPTION :

Après un échauffement de 10 minutes, courez 30 minutes à **A2**.

WoW #17

DURÉE : 32 minutes
INTENSITÉ : Élevée
NIVEAU : Débutant, intermédiaire, avancé

DESCRIPTION SOMMAIRE :

4 X 4 min progressif

DESCRIPTION :

Commencez par un échauffement de 10 minutes, puis enchaînez avec 4 répétitions de 4 minutes en progressif (de **A1** à **A3**). Si possible, faire la dernière répétition à **A5**. Prenez 2 minutes de récupération entre chaque répétition.

WoW #18

DURÉE : 9 km
INTENSITÉ : Élevée
NIVEAU : Intermédiaire, avancé

DESCRIPTION SOMMAIRE :

6 X 1K (récup. 400 m)

DESCRIPTION :

Échauffement de 1 km. Courez ensuite 6 répétitions de 1 km à **A3** en prenant 400 m de récupération entre chaque répétition.

WoW #19

DURÉE : 50 minutes
INTENSITÉ : Faible, Moyenne
NIVEAU : Débutant, intermédiaire, avancé

DESCRIPTION SOMMAIRE :

45 min @ **A1** +
"Fast Finish" 5 min

DESCRIPTION :

Courez 45 minutes à **A1** puis terminez la séance avec 5 minutes courues entre **A4** et **A5**.

WoW #20

DURÉE : 7.5 km
INTENSITÉ : Élevée
NIVEAU : Intermédiaire, avancé

DESCRIPTION SOMMAIRE :

2 X 3K (récup. 500m)

DESCRIPTION :

Échauffement de 1 km, puis courez 2 répétitions de 3 km à **A3**. Prenez 500 m de récupération entre les 2 répétitions.

WoW #21

DURÉE : 6 km
INTENSITÉ : Élevée
NIVEAU : Intermédiaire, avancé.

DESCRIPTION SOMMAIRE :

1K récup. – 1K "Fast" (3X)

DESCRIPTION :

1 km à **A1**, puis 1 km à **A4**. Faites cette séquence 3 fois.

WoW #22

DURÉE : 8 km
INTENSITÉ : Moyenne
NIVEAU : Intermédiaire, avancé

DESCRIPTION SOMMAIRE :

2 X (2K @ **A1** – 2K @ **A2**)

DESCRIPTION :

Courez 2 km à **A1** suivis immédiatement de 2 km à **A2**. Faites 2 fois cette séquence pour un total de 8 km.

WoW #23

DURÉE : 57 minutes
INTENSITÉ : Moyenne
NIVEAU : Intermédiaire, avancé

DESCRIPTION SOMMAIRE :

2 X 10 min @ **A3** (récup. 2 min) +
30 min @ **A1**

DESCRIPTION :

Commencez par un échauffement de 5 minutes, puis enchaînez avec 2 blocs de 10 minutes courues à **A3** en prenant 2 minutes de récupération (course lente) entre les 2 blocs. Terminez par 30 minutes à **A1**.

WoW #24

DURÉE : 51 minutes
INTENSITÉ : Moyenne
NIVEAU : Débutant, intermédiaire, avancé.

DESCRIPTION SOMMAIRE :

4 X 10 min @ **A2** (récup. 2 min)

DESCRIPTION :

Après un échauffement de 5 minutes, courez 4 blocs de 10 minutes chacun à **A2** avec 2 minutes de récupération entre chaque bloc.

WoW #25

DURÉE : 2 heures
INTENSITÉ : Moyenne
NIVEAU : Intermédiaire, avancé.
DISTANCE : MARATHON

DESCRIPTION SOMMAIRE :

120 minutes @ **A1**

DESCRIPTION :

Voici un WoW pour l'entrainement marathon. Courez 2h à votre allure **A1**. Si la forme est au rendez-vous, vous pouvez intégrer 2 blocs de 5 minutes à **A2** si vous le désirez.

WoW #26

DURÉE : 3 heures
INTENSITÉ : Moyenne
NIVEAU : Intermédiaire, avancé.
DISTANCE : MARATHON

DESCRIPTION SOMMAIRE :

120 minutes @ (**A1 -**) +
60 minutes entre **A1** et **A2**

DESCRIPTION :

Voici un WoW pour l'entrainement marathon. Courez 2h à une allure inférieure à **A1**. Le dernier 60 minutes peut être fait à allure se situant entre votre allure **A1** et **A2**.

WoW #27

DURÉE : 7.6 km
INTENSITÉ : Élevée
NIVEAU : Intermédiaire, avancé

DESCRIPTION SOMMAIRE :

2 X 1K @ **A2** +
2 X 1K @ **A3** +
2 X 1K @ **A4** +

DESCRIPTION :

Échauffement de 1 km. Courez ensuite 2 répétitions de 1 km à **A2**, puis 2 répétitions de 1 km à **A3** et finalement 2 répétitions de 1 km à **A4**. Prenez 300m de récupération entre chaque répétition.

WoW #28

DURÉE : 40 minutes
INTENSITÉ : Élevée
NIVEAU : Débutant, intermédiaire, avancé

DESCRIPTION SOMMAIRE :

15 X (1 min-1 min)

DESCRIPTION :

Échauffement de 10 minutes. Courez ensuite 1 minute à **A1**, puis 1 minute à **A3**. Répétez 15 fois. Ici, malgré le fait que la durée de l'intervalle est de 1 minute-1 minute, tout le workout demeure quand même purement aérobique puisque l'allure maximale prescrite est A3.

WoW #29

DURÉE : 42 minutes
INTENSITÉ : Moyenne, élevée
NIVEAU : Débutant, intermédiaire, avancé

DESCRIPTION SOMMAIRE :

30 min @ **A1-** +
12 min "Fast finish"

DESCRIPTION :

Courez 30 minutes à une allure inférieure ou près de votre allure **A1**, puis enchaînez avec 12 minutes entre **A2** et **A5** selon la forme.

WoW #30

DURÉE : 6 km
INTENSITÉ : Moyenne, élevée
NIVEAU : Intermédiaire, avancé

DESCRIPTION SOMMAIRE :

3K + 2K + 1K progressif

DESCRIPTION :

Voici un 6 km à courir en progressif. Commencez par 3 km à **A1**, puis 2 km à **A2** et finalement 1 km à **A3** (sans récupération).

WoW #31

DURÉE : 7 km
INTENSITÉ : Moyenne, élevée
NIVEAU : Intermédiaire, avancé

DESCRIPTION SOMMAIRE :

1k + 2k + 3K dégressif

DESCRIPTION :

Ce 7 km se court en dégressif. Après un échauffement de 1 km, courez 1 km à **A3**, puis 2 km à **A2** et finalement 3 km à **A1** (sans récupération).

WoW #32

DURÉE : 52 minutes
INTENSITÉ : Moyenne
NIVEAU : Débutant, intermédiaire, avancé

DESCRIPTION SOMMAIRE :

2 X 20 min (récup 2 min)

DESCRIPTION :

Échauffement de 10 minutes. Courez ensuite 2 répétitions de 20 minutes à **A2** en prenant 2 minutes de récupération entre chaque répétition.

WoW #33

DURÉE : 7.8 km
INTENSITÉ : Élevée
NIVEAU : Intermédiaire, avancé

DESCRIPTION SOMMAIRE :

3 X 2K (récup. 400 m)

DESCRIPTION :

Échauffement de 1 km. Courez ensuite 3 répétitions de 2 km à **A3** en prenant 400 m de récupération entre chaque répétition.

WoW #34

DURÉE : 10.8 km
INTENSITÉ : Élevée
NIVEAU : Intermédiaire, avancé

DESCRIPTION SOMMAIRE :

3 X 3K (récup. 400 m)

DESCRIPTION :

Échauffement de 1 km. Courez ensuite 3 répétitions de 3 km à **A3** en prenant 400 m de récupération entre chaque répétition.

WoW #35

DURÉE : 24 minutes
INTENSITÉ : Élevée
NIVEAU : Intermédiaire, avancé

DESCRIPTION SOMMAIRE :

8 X 2 min en palier

DESCRIPTION :

Après un échauffement de 10 minutes, courez 2 répétitions de 2 minutes à **A3** (récup. 30 secondes), puis enchaînez immédiatement avec 2 répétitions de 2 minutes à **A4** (récup 30 secondes). Refaites cette séquence une deuxième fois après une récupération de 5 minutes.

WoW #36

DURÉE : 6 km
INTENSITÉ : Moyenne, élevée
NIVEAU : Intermédiaire, avancé

DESCRIPTION SOMMAIRE :

6 K tempo

DESCRIPTION :

Courez 6 km entre votre allure **A2** et **A3**. Si vous vous sentez capable, faites le dernier kilomètre proche de votre allure **A4**.

WoW #37

DURÉE : 1 heure
INTENSITÉ : Élevée
NIVEAU : Intermédiaire, avancé

DESCRIPTION SOMMAIRE :

1h time trial

DESCRIPTION :

Courez le maximum de distance possible en 1 heure. Gardez le plus possible une allure stable. Votre allure 1h devrait se situer en moyenne entre votre allure **A2** et **A3**.

WoW #38

DURÉE : 34 minutes 30 secondes
INTENSITÉ : Élevée
NIVEAU : Débutant, intermédiaire, avancé

DESCRIPTION SOMMAIRE :

4 X 5 min

DESCRIPTION :

Après un échauffement de 10 minutes, faites 4 répétitions de 5 minutes à **A3**. Si vous pouvez, courez la dernière répétition à **A4**. Prenez 1 minute 30 secondes entre chaque répétition.

WoW #39

DURÉE : 6 km ou 11 km
INTENSITÉ : Élevée
NIVEAU : Débutant, intermédiaire, avancé

DESCRIPTION SOMMAIRE :

10 X (500 m – 500 m récup)

DESCRIPTION :

Après un échauffement de 1 km, faites 10 répétitions de 500 mètres à **A3** suivis de 500 mètres de récupération. Si vous pouvez, courez les deux dernières répétitions à **A4**. Pour les débutants, faites 5 répétitions au lieu de 10.

WoW #40

DURÉE : Variable
INTENSITÉ : Moyenne
NIVEAU : Intermédiaire, avancé

DESCRIPTION SOMMAIRE :

4 X **15%** distance objectif (récup. 3 min)

DESCRIPTION :

Commencez par un échauffement de 10 minutes. Selon votre distance-objectif pour laquelle vous vous entrainez (5 km, 10 km, demi-marathon, marathon), courez ensuite **15%** de cette distance à l'allure objectif obtenue lors du test 3 km. Par exemple, si vous faites 3 km en 12 minutes et que vous vous entrainez pour une compétition de 10 km, courez 1.5 km à 4:26/km (**A3**) (voir annexe 1 pour le temps objectif et annexe 2 pour les allures d'entrainement). Répéter 4 fois. Prenez 3 minutes de récupération entre chaque répétition.

WoW #41

DURÉE : Variable
INTENSITÉ : Moyenne
NIVEAU : Intermédiaire, avancé

DESCRIPTION SOMMAIRE :

2 X **30%** distance objectif (récup. 3 min)

DESCRIPTION :

Commencez par un échauffement de 10 minutes. Selon votre distance-objectif pour laquelle vous vous entrainez (5 km, 10 km, demi-marathon, marathon), courez ensuite **30%** de cette distance à l'allure objectif obtenue lors du test 3 km. Par exemple, si vous faites 3 km en 12 minutes et que vous vous entrainez pour une compétition de 10 km, courez 3 km à 4:26/km (**A3**) (voir annexe 1 pour le temps objectif et annexe 2 pour les allures d'entrainement). Répéter 2 fois. Prenez 3 minutes de récupération entre chaque répétition.

WoW #42

DURÉE : Variable
INTENSITÉ : Moyenne
NIVEAU : Débutant, intermédiaire, avancé.

DESCRIPTION SOMMAIRE :

40% distance objectif.

DESCRIPTION :

Commencez par un échauffement de 10 minutes. Selon votre distance-objectif pour laquelle vous vous entrainez (5 km, 10 km, demi-marathon, marathon), courez ensuite **40%** de cette distance à l'allure objectif obtenue lors du test 3 km. Par exemple, si vous faites 3 km en 12 minutes et que vous vous entrainez pour une compétition de 10 km, courez 4 km à 4:26/km (**A3**) (voir annexe 1 pour le temps objectif et annexe 2 pour les allures d'entrainement).

WoW #43

DURÉE : Variable
INTENSITÉ : Moyenne
NIVEAU : Débutant, intermédiaire, avancé.

DESCRIPTION SOMMAIRE :

50% distance objectif.

DESCRIPTION :

Commencez par un échauffement de 10 minutes. Selon votre distance-objectif pour laquelle vous vous entrainez (5 km, 10 km, demi-marathon, marathon), courez ensuite **50%** de cette distance à l'allure objectif obtenue lors du test 3 km. Par exemple, si vous faites 3 km en 12 minutes et que vous vous entrainez pour une compétition de 10 km, courez 5 km à 4:26/km (**A3**) (voir annexe 1 pour le temps objectif et annexe 2 pour les allures d'entrainement).

WoW #44

DURÉE : Variable
INTENSITÉ : Moyenne
NIVEAU : Débutant, intermédiaire, avancé.

DESCRIPTION SOMMAIRE :

60% distance objectif.

DESCRIPTION :

Commencez par un échauffement de 10 minutes. Selon votre distance-objectif pour laquelle vous vous entrainez (5 km, 10 km, demi-marathon, marathon), courez ensuite **60%** de cette distance à l'allure objectif obtenue lors du test 3 km. Par exemple, si vous faites 3 km en 12 minutes et que vous vous entrainez pour une compétition de 10 km, courez 6 km à 4:26/km (**A3**) (voir annexe 1 pour le temps objectif et annexe 2 pour les allures d'entrainement).

SÉRIE VIE ACTIVE

POUR QUI?

Les WoWs de la série Vie Active s'adressent à ceux et celles qui désirent pratiquer la course à pied pour le plaisir d'être actif, sans prétention et sans objectif de performance. Ce concept d'entrainement à fréquence et à durée minimales, qui réduit le risque de blessures, vous permettra d'avoir un mode de vie sain sans négliger votre vie familiale et professionnelle.

Les WoWs de la série Vie Active sont idéals pour ceux et celles qui :

- Veulent changer drastiquement leur façon de s'entrainer

- Se blessent (trop) souvent en suivant des méthodes d'entrainement traditionnelles.

- Désirent demeurer actifs sans objectif de performance.

- Manquent de temps à consacrer à l'entrainement.

Prérequis :

- Être capable de **courir/marcher** 30 minutes en continu sans arrêter.

POURQUOI?

L'activité physique est le principal remède entièrement naturel de plusieurs maladies physiques (hypertension, diabète type II, maladies cardiovasculaires) et mentales (insomnie, anxiété, dépression). D'ailleurs, depuis l'automne 2015, les médecins du Québec peuvent prescrire de l'activité physique à leurs patients. Adopter un mode de vie sain et actif est l'une des meilleures décisions que vous pouvez prendre.

VOLUME PAR SEMAINE?

Chaque WoW (Workout of the Week) dure entre 30 minutes et 1 heure. Idéalement, vous devez faire au moins 1 WoW par semaine.

ÉTAPE 1 : Allez marcher/courir!

Choisissez un WoW (Workout of the Week) parmi les WoWs disponibles dans les pages suivantes.

CONSEILS

1. Adaptez le WoW selon votre état de forme du moment et selon les conditions environnementales.

2. Allouez-vous au **MIMIMUM 5 jours de repos** entre chaque WoW.

3. Allouez-vous au **MAXIMUM 7 jours de repos** entre chaque WoW.

4. Les jours de repos **NE** sont **PAS** considérés comme des jours de récupération passive. Vous devez vaquer à vos occupations quotidiennes, mais en essayant de demeurer actif aussi souvent que possible. Par exemple, allez promener le chien, jouez avec vos enfants, occupez-vous de vos aménagements paysagers, etc. (voir le principe de « récupération active » pour plus de détails).

5. Cette philosophie d'entrainement doit devenir votre mode de vie hebdomadaire. Si vous avez de la difficulté à pratiquer seul les WoWs hebdomadaires, parlez de la méthode à votre famille et amis et adoptez la méthode **ENDUROFIT ONE** ensemble.

WoW #1

DURÉE : de 5 minutes à 30 minutes
INTENSITÉ : Faible, Moyenne
NIVEAU : Débutant

DESCRIPTION SOMMAIRE :

Courir en continu 5 minutes jusqu'à 30 minutes maximum

DESCRIPTION :

Marchez quelques minutes. Courez ensuite à votre rythme pendant **au moins** 5 minutes. Si ce n'est pas la première fois que vous faites ce workout, essayez d'augmenter légèrement le temps de course jusqu'à 30 minutes de course en continu. Par exemple, si vous avez couru 12 minutes en continu lors de votre dernier workout, vous pouvez essayer de courir 14 minutes cette fois-ci. La vitesse n'a pas d'importance. Allez-y à votre rythme.

WoW #2

DURÉE : 30 minutes
INTENSITÉ : Faible, moyenne
NIVEAU : Débutant

DESCRIPTION SOMMAIRE :

5:1 (course-marche)

DESCRIPTION :

Courez 5 minutes puis marchez 1 minute. Refaites la séquence 5 fois.

WoW #3

DURÉE : 33 minutes
INTENSITÉ : Faible, moyenne
NIVEAU : Débutant

DESCRIPTION SOMMAIRE :

10:1 (course-marche)

DESCRIPTION :

Courez 10 minutes puis marchez 1 minute. Refaites la séquence 3 fois.

WoW #4

DURÉE : 30 minutes
INTENSITÉ : Faible
NIVEAU : Débutant

DESCRIPTION SOMMAIRE :

Marche 25 min +
Course 5 min

DESCRIPTION :

Marchez 25 minutes puis terminez la séance en courant 5 minutes.

WoW #5

DURÉE : 30 minutes
INTENSITÉ : Faible
NIVEAU : Débutant

DESCRIPTION SOMMAIRE :

1:2 (course - marche)

DESCRIPTION :

Courez 1 minute puis marchez 2 minutes. Refaites la séquence 10 fois.

WoW #6

DURÉE : 30 minutes
INTENSITÉ : Faible, moyenne
NIVEAU : Débutant

DESCRIPTION SOMMAIRE :

2:1 (course - marche)

DESCRIPTION :

Courez 2 minutes puis marchez 1 minute. Refaites la séquence 10 fois.

WoW #7

DURÉE : 32 minutes
INTENSITÉ : Faible, moyenne
NIVEAU : Débutant, intermédiaire

DESCRIPTION SOMMAIRE :

15:1 (course - marche)

DESCRIPTION :

Courez 15 minutes puis marchez 1 minute. Refaites la séquence 2 fois. Gérer votre allure pour essayer d'être constant pendant tout le 15 minutes de course.

WoW #8

DURÉE : 2.5 km
INTENSITÉ : Élevée
NIVEAU : Débutant, intermédiaire

DESCRIPTION SOMMAIRE :

2K Time trial

DESCRIPTION :

Commencez par un échauffement de 500 mètres. Courez ensuite 2 km le plus rapidement possible. Si vous réussissez la séance en courant les 2 kilomètres sans arrêter, vous pourrez, la semaine suivante, refaire ce « time trial », mais en courant 3 km au lieu de 2 km (WoW #1 de la série Performance). Vous obtiendrez ainsi vos allures d'entrainement (voir annexe 2) pour choisir des WoWs de la série Performance à une prochaine séance si vous le désirez.

Chapitre DEUX

LES PRINCIPES ENDUROFIT

Tous les modèles d'entrainement d'hier à aujourd'hui sont conçus pour favoriser une adaptation à l'effort. De cette adaptation résulte une progression dans le sport pratiqué. Devenir meilleur, plus performant, c'est l'objectif principal de tous athlètes qui s'entrainent. Il n'y a pas de solution magique. À moins de vous rabattre sur la bionique, vous ne serez pas plus compétitif et efficace en restant à ne rien faire.

Le modèle ENDUROFIT n'échappe pas à la règle. Vous devez vous entrainer pour progresser. Mieux s'entrainer pour mieux progresser. Les principales différences entre le modèle traditionnel d'entrainement et le modèle d'entrainement ENDUROFIT reposent, d'un côté, sur la spécificité de la séance elle-même et de l'autre côté, sur le délai de récupération entre les séances. Deux principes essentiels à retenir lorsqu'on adopte la philosophie ENDUROFIT :

1. Soyez spécifique.
2. Ne faites pas une autre séance d'entrainement sans avoir récupéré efficacement de la séance précédente.

Ces deux principes en amènent inévitablement un troisième : le principe de faible volume. Voyons plus en détails chacun de ces principes.

PRINCIPE #1 : SPÉCIFICITÉ

« À vouloir être excellent dans tout, vous prenez le risque de devenir un athlète moyen sans objectif spécifique. »

ENDUROFIT **N**'est **PAS** un programme générique de conditionnement physique. Contrairement à plusieurs philosophies d'entrainement (le cross training par exemple) qui tentent d'optimiser et de développer les aptitudes athlétiques dans plusieurs domaines en même temps, ENDUROFIT privilégie la **spécificité** et s'appuie essentiellement sur le principe d'adaptation spécifique à la demande imposée. C'est un des principes les plus importants à se rappeler lorsque vous voulez progresser et atteindre vos objectifs dans un sport en particulier. Le corps et l'esprit s'adaptent au stress que vous leur imposez afin qu'ils deviennent meilleurs dans exactement ce dont vous pratiquez.

À titre d'exemple, prenons un sport assez technique : le tennis. Le bras qui tient la raquette sera incontestablement plus puissant que le bras opposé. Plus le sport que vous pratiquez se rapproche des techniques utilisées dans un sport tel que le tennis, plus vous deviendrez performant au tennis. Faire du vélo aura très peu d'intérêt si votre objectif est de devenir meilleur au tennis. En revanche, le badminton, étant un sport se rapprochant du mouvement du bras qui tient la raquette, aura un impact beaucoup plus grand que le vélo. Mais, finalement, rien ne vous fera plus progresser au tennis que de jouer au tennis !

Cependant, on voit plusieurs athlètes de haut niveau à la salle de musculation faire des levées de charges ou des exercices qui, à prime abord, ne semblent pas en lien spécifique avec leur sport. Cependant, ces athlètes sont déjà au sommet de leur art. Les routines de musculation qu'ils font optimisent leurs mouvements, et permettent de travailler certaines faiblesses musculaires. L'erreur que l'amateur fait toujours est de copier ce que font ces athlètes élites. Mais, contrairement à l'élite, l'amateur est encore loin de son plein potentiel. Ce qui le fera progresser plus efficacement n'est pas de faire des séances de force ou de pliométrie à la salle de gym, mais bien de pratiquer spécifiquement le sport pour lequel il s'entraine.

Ainsi, à vouloir être excellent dans tout, en même temps, vous amène à prendre le chemin de la généricité. « Être en forme » ! Voilà un bel objectif générique que plusieurs se donnent, surtout comme résolution du Nouvel An. Mais cela ne vaut rien. Avec un objectif semblable, je vous garantis que dans 2 ou 3 mois, vous perdrez la motivation. Il faut être plus spécifique. Par exemple, « courir un 5 km en 25 minutes d'ici 3 mois », voilà un objectif Spécifique, Mesurable, Atteignable, Réaliste et Temporel (S.M.A.R.T.) !

Malgré tout, vous tenez obstinément à vouloir optimiser tout en même temps, et vous rêvez de courir vite, tout en étant fort, puissant, musclé, endurant, et flexible ? Faites du cross training à chaque jour sans exception et arrêtez immédiatement de lire ce livre ! Mais en continuant ainsi, tout ce que vous allez en tirer, c'est une (très) légère adaptation dans chacun de ces domaines et cela, seulement si vous gardez la motivation, et surtout, si vous évitez la blessure ; ce qui est loin d'être garanti.

Je ne dis pas que vous devez absolument choisir une seule compétence et uniquement développer celle-ci. Non ! Au contraire. Vous pouvez développer plusieurs aptitudes physiques et mentales au cours d'une vie active et être excellent dans chacune d'entre elles. Mais essayer de les développer toutes en même temps est contre-productif à moyen terme, car les activités dans lesquelles vous voulez progresser peuvent s'interférer entre elles et freiner conséquemment l'adaptation obtenue par l'entrainement. Par exemple, vouloir être un haltérophile reconnu en même temps qu'un excellent coureur à pied est contradictoire. Cependant, si le temps vous le permet, progresser dans plusieurs activités en parallèle est possible si ces dernières ne s'interfèrent pas entre elles. Le meilleur exemple est le triathlon. Trois disciplines qui se complètent bien en optimisant l'endurance de l'athlète, mais qui ne font pas travailler les mêmes groupes musculaires.

En résumé, vous voulez être meilleur au tennis? Jouez au tennis ! Meilleur à la pétanque? Pratiquez la pétanque! Être plus fort de la jambe droite? Soulevez des charges de la jambe droite uniquement et oubliez votre jambe gauche ! Sérieusement, ne perdez plus votre temps à pratiquer des entrainements croisés qui n'adressent pas directement la solution à un objectif déclaré et spécifique.

Suffit-il donc de simplement courir pour progresser en course à pied ? Malheureusement, non ! Performer sur un 100 mètres sprint ne requiert pas les mêmes adaptations que de courir un marathon. Dans le premier cas, on doit travailler la puissance alors que dans le second cas, c'est la capacité qu'il faut optimiser. Ainsi, malgré le fait que les deux objectifs sont reliés au même sport, la façon de s'y prendre pour bien performer sur chacune de ces distances va différer. Il ne suffit donc pas juste de courir pour être spécifique. Il faut aussi que vos séances d'entrainement soient centrées sur votre objectif.

Mais attention ! Être spécifique ne signifie pas de courir uniquement à l'allure cible de votre objectif. Vous devez impérativement y aller progressivement. Ce livre propose donc une méthode de course à pied s'appuyant sur le principe de la spécificité et s'adresse justement aux coureurs à pied trop généralistes qui ne progressent plus, et qui se blessent soit par un trop grand volume d'entrainement, soit par un manque de récupération efficace, et qui désirent changer drastiquement leur façon de s'entrainer.

PRINCIPE #2 : FAIBLE VOLUME
« Courir 100 km par semaine ? Non pas ici. »

ET

PRINCIPE #3 : RÉCUPÉRATION ACTIVE
« Remplaçons la fréquence par une récupération active. »

Selon la méthode de course à pied ENDUROFIT ONE, ces deux principes sont mutuellement indissociables. C'est pourquoi je vous les expliquerai ensemble.

Lorsqu'un coureur se blesse lors de ses entrainements, il y a deux raisons : soit le traumatisme est dû à un élément externe (trou, chute, roche ...), soit il est directement lié à la quantité ou à la qualité de l'entrainement (volume, intensité). Dans le premier cas, la blessure survient instantanément ou au pire, quelques heures après la séance. Cependant, dans le deuxième cas, des signes avant-coureurs apparaissent au fil des semaines et s'intensifient jusqu'à la blessure et auront pour conséquence l'arrêt du programme d'entrainement.

Le volume d'entrainement se définit comme étant un

rapport entre la fréquence et la durée d'entrainement. Il est indéniable d'affirmer qu'il y a adaptation lorsque le volume est suffisant. Mais la fréquence est-elle aussi importante que la plupart des gens le pensent? Est-il nécessaire de courir au minimum quatre fois semaine pour performer en course à pied? Cinq à six fois par semaine pour un marathon? De faire une sortie longue chaque dimanche? De courir en « endurance fondamentale » au moins 80 % du temps total par semaine afin de favoriser la capillarisation et le développement des mitochondries? De toute façon, il est fondamental d'avoir de l'endurance pour être rapide et bien performer sur toutes les distances de course de fond et de demi-fond, mais, ironiquement, pour quelles raisons l'endurance fondamentale serait synonyme de « courir lentement »?

En réalité, pourquoi se poser 56 questions quand la solution est de simplement… courir? Mouvement inné chez tous les êtres humains, les muscles se contractent inconsciemment. Il suffit donc de courir, oui, c'est vrai, mais le plus important est d'avoir un volume d'entrainement adéquat qui ne dépasse pas vos limites de récupération.

Souvent négligée, la récupération est le concept le plus important à tenir compte pour réduire le risque de blessure et progresser dans le sport pratiqué. Je ne parle pas ici de récupération entre les intervalles d'une séance à haute intensité, mais bien du nombre de jours de récupération entre deux séances spécifiques de course à pied.

Cependant, cette récupération, que plusieurs pensent passive, doit être active. Qu'est-ce que cela signifie?

Cela signifie qu'il faut bouger, aller promener le chien,

passer la tondeuse, jouer, ou mieux, courir avec les enfants. Pas de séance programmée à une heure précise, pas de distance définie ; il suffit juste d'être actif. Marcher est également un excellent moyen pour solliciter efficacement votre filière aérobie sans y induire trop de volume. Pas besoin de porter votre « kit » de course ni votre montre GPS. Juste marcher ... en regardant les oiseaux chanter. Cela aura pratiquement l'effet d'un entrainement à chaque jour sans tous les désavantages (blessures, manque de temps ...).

Tout est une question de dosage. Plus l'athlète est jeune, plus il aura tendance à récupérer rapidement et plus il pourra progresser rapidement en enchainant les séances successivement sans se blesser. Mais même ceux et celles qui ne se blessent jamais (ou presque) atteindront, un jour ou l'autre, un plateau dans leur progression. Mais contrairement à ce que plusieurs pensent, augmenter la durée et le nombre de séances ne règlera pas le problème. Il faudrait plutôt, dans ce cas, diminuer la durée d'entrainement et travailler un peu plus la spécificité de l'effort. C'est rarement ce que privilégie l'athlète amateur qui veut, en grande partie, copier ce que fait l'athlète élite.

Cependant, les athlètes élites qui enchainent régulièrement 10 à 14 séances par semaine ont, autour d'eux, toute une équipe de médecins, physiothérapeutes et préparateurs physiques que nous, amateurs, n'avons pas nécessairement le privilège d'obtenir. Cela leur permet ainsi de récupérer plus rapidement, de pouvoir s'entrainer plus souvent, et ainsi comptabiliser un plus haut volume hebdomadaire. Contrairement à nous, ils se consacrent entièrement à leur sport et ne travaillent pas à temps plein, assis devant un ordinateur à longueur de semaine.

Le but de la méthode ENDUROFIT ONE n'est pas de devenir aussi performant qu'un athlète élite, mais de progresser de façon linéaire, sans plateau si possible, tout en réduisant au maximum le risque de blessure.

Le triangle d'adaptation à l'effort

L'adaptation à l'effort est possible en manipulant adéquatement trois facteurs pouvant être définis par l'acronyme FIT (**F**réquence, **I**ntensité, et **T**emps). Ces trois facteurs sont utilisés depuis toujours, par tous les modèles, pour créer des plans d'entrainement contenant les séances nécessaires à cette adaptation recherchée.

Ainsi, pour que l'activité soit efficace et, par conséquent, qu'elle engendre une adaptation à l'effort, il faut que cette activité *dure* raisonnablement longtemps, qu'elle soit assez *intense* pour générer une certaine fatigue et qu'elle soit pratiquée à une *fréquence* suffisante.

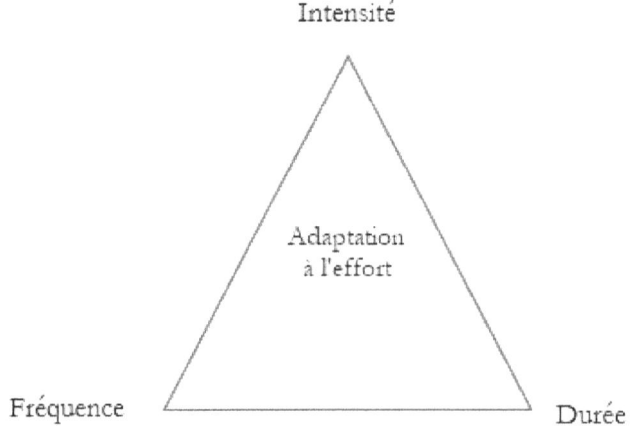

Figure 1 – Triangle d'adaptation à l'effort FIT. Le changement dans un des trois facteurs a un impact sur les deux autres facteurs.

L'entrainement traditionnel soutient que l'adaptation à une activité passe par la répétition la plus fréquente possible de ladite activité tout en privilégiant l'augmentation graduelle de la durée et la variabilité de l'intensité : une charge d'entrainement de plus en plus importante et lourde où la modification des valeurs des trois variables d'adaptation à l'effort (intensité, fréquence, durée) est constamment imposée. Un travail en récupération partielle permet, selon ce modèle, d'engendrer une bonne surcompensation à la fin du cycle et, par conséquent, une progression. Mais bien souvent, qui dit récupération partielle, dit apparition de blessures à force de vouloir s'entrainer sur des muscles et tendons encore meurtris de la séance de la veille.

ENDUROFIT propose, quant à lui, un modèle plus propice pour l'athlète amateur qui ne peut se permettre de consacrer de nombreuses heures par semaine au sport qu'il a choisi, mais qui a quand même des objectifs précis de performance qu'il souhaite atteindre sans négliger sa vie professionnelle, sociale et familiale. Ce modèle s'appuie sur des séances peu fréquentes (**1 séance par semaine**) où le pratiquant récupère presque entièrement entre les séances ; ce qui lui permet de s'orienter très tôt dans le plan vers l'objectif spécifique afin d'obtenir l'adaptation désirée le plus rapidement possible. Une récupération quasi complète permet, à chaque séance, d'avoir la forme physique et mentale adéquate pour la compléter efficacement, sans blessure.

Les deux modèles (traditionnel et ENDUROFIT) ont pourtant le même but, visant des adaptations mentales et physiques afin de mieux performer.

La récupération active l'emporte sur le volume

Mais comment un volume d'entrainement si faible peut quand même engendrer une progression? Scientifiques et entraineurs soutiennent qu'à partir de 2 séances par semaine, il peut y avoir une certaine adaptation, mais ce n'est qu'à partir de 3 séances par semaine qu'une progression notable est possible. Alors pourquoi la méthode ENDUROFIT ONE échapperait à cette règle empirique?

La réponse est simple : elle n'y échappe pas. Vous devez donc avoir une activité aérobique suffisante si vous voulez progresser en course à pied. Pour ce faire, les méthodes traditionnelles augmentent le nombre de séances par semaine et, par conséquent, le volume d'entrainement hebdomadaire, laissant croire aux amateurs que plus souvent et plus longtemps on s'entraine, meilleur on devient. Tous les plans d'entrainement traditionnels comportent au minimum 3 séances par semaine.

Mais contrairement à la croyance populaire, il n'est nullement nécessaire de planifier autant de séances pour obtenir de bons résultats. ENDUROFIT ONE, quant à lui, propose comme alternative une seule séance planifiée par semaine. Cette séance est de durée variable de semaine en semaine allant de 30 minutes à 1 heure dépendamment de son contenu. Également, selon son principe de « Récupération Active », et tel qu'expliqué dans ce chapitre, ENDUROFIT suggère fortement de continuer d'être actif les jours sans séance d'entrainement.

Marcher demeure la meilleure activité pour être actif, sans grand risque de blessure. Cependant, je suis conscient que marcher quelques fois par semaine, combiné au WoW hebdomadaire, peut parfois demander plus de temps qu'un entrainement traditionnel à 3 séances par semaine. Cependant, il N'est PAS nécessaire de marcher 30 minutes chaque jour pour garder la forme. Vous serez étonné de constater que seulement 10 minutes de marche, 2 fois par semaine, en plus du WoW hebdomadaire, suffisent pour solliciter adéquatement le système cardiovasculaire et les capacités aérobies.

« Je suis coureur; je ne vais certainement pas marcher! ». J'ai entendu cette affirmation maintes et maintes fois. Si vous détestez marcher, ou pire, si pour vous marcher est un échec, pas de souci chers amis coureurs! Oubliez la marche et courez! Pour ce faire, intégrez à votre entrainement, chaque semaine, 10 minutes de course soutenue (allure entre A1 et A3), en supplément de votre WoW hebdomadaire. Ainsi, vous pourriez courir, par exemple, 10 minutes le lundi et faire le WoW hebdomadaire le jeudi. Ce volume d'entrainement sera suffisant pour vous faire progresser tout en réduisant au maximum votre risque de blessure.

Finalement, une autre solution possible serait de réduire légèrement le nombre de jours de récupération entre les WoWs, sans toutefois négliger cette récupération. Il suffit alors de planifier un WoW à tous les 5 à 6 jours au lieu du 7 jours initialement prescrit. Vous aurez ainsi un minimum de 96 à 144 heures de récupération entre 2 WoWs; ce qui pourrait être amplement suffisant pour la plupart des coureurs.

En résumé, la méthode ENDUROFIT ONE propose trois alternatives aux plans d'entrainement traditionnels afin de solliciter suffisamment les capacités aérobies sans toutefois y induire trop de volume. À vous de choisir celle qui vous convient le mieux :

1- Un WoW hebdomadaire combiné à 2 X 10 minutes de marche que vous pouvez faire pendant les jours de récupération de votre choix;

2- Un WoW hebdomadaire jumelé à 10 minutes de course supplémentaire à faire pendant le jour de récupération de votre choix;

3- Un WoW à tous les 5 à 6 jours au lieu du 7 jours initialement prescrit.

Dans les trois cas, le volume total se situe entre 1h et 1h30 d'entrainement par semaine. ENDUROFIT ONE est indéniablement loin du volume hebdomadaire que proposent la plupart des plans d'entrainement traditionnels.

Chapitre TROIS

OUBLIEZ LES PLANS D'ENTRAINEMENT TRADITIONNELS

Parfois, pour apprendre de nouvelles façons de faire, il faut oublier celles qu'on a apprises. La méthode *ENDUROFIT ONE* est une méthode simple à comprendre ; un concept d'entrainement en course à pied efficace qui réduit le risque de blessures. Pour réaliser les séances d'entrainement WoW de la méthode *ENDUROFIT ONE*, nul besoin de gadgets à la fine pointe de la technologie, ni de comprendre les définitions de tous les termes reliés à la physiologie de l'effort. Une montre GPS et, optionnellement, un cardiofréquencemètre suffisent.

En quoi la méthode *ENDUROFIT ONE* est-elle différente des autres méthodes d'entrainement traditionnelles? Pour expliquer le tout, commençons par un peu d'histoire...

Trois écoles de pensée traditionnelle

Dans les sports d'endurance, tels que la course à pied, l'histoire nous démontre que les philosophies d'entrainement changent et suivent généralement la mode du moment. Au moment d'écrire ces lignes, trois écoles de pensée traditionnelle sortent du lot : une s'attarde essentiellement à la variable *intensité*, l'autre privilégie les deux variables *fréquence* et *durée (volume)*, alors que la dernière soutient qu'il faut avoir une combinaison équilibrée et proportionnelle entre *intensité* et *volume*. Voyons les grandes lignes de chacune de ces écoles de pensée traditionnelle.

1940-50 : Entrainement par intervalles (intensité)

La première philosophie d'entrainement exposée ici consiste à faire quasi exclusivement des séances de type intervalles en y incluant plusieurs répétitions de ces intervalles à chaque séance, et ce, autant de fois que le corps et l'esprit peuvent le soutenir. Ce type de séance était très populaire pour l'élite dans les années 1940-1950, car à l'époque, on pensait qu'il fallait tout donner pendant les séances.

À titre d'exemple, notons les fameuses séances de 40 X 400 mètres d'Emil Zátopek au début des années 50. Cela équivalait à faire 16 kilomètres d'intervalles en une seule séance ! Cependant, l'histoire nous dit que Zátopek ne courait pas chacun de ces intervalles à vitesse maximale, mais bien à une vitesse inférieure ; ce qui laissait quand même présager une forme quelconque d'entrainement d'endurance à haute intensité. Zátopek pouvait exceptionnellement faire ce type de séance plusieurs fois par semaine, et ses capacités hors du commun lui permettaient sans aucun doute de supporter cette douleur qu'il s'infligeait à chaque séance.

« No pain, no gain » ! Cette prémisse, encore très en vogue de nos jours dans les salles de musculation, dénote cette façon de penser de plusieurs amateurs, même aujourd'hui.

Pourtant, la douleur n'est pas toujours synonyme de gain et vouloir faire de nombreuses séances par semaine à haute intensité conduit généralement à un surentrainement, car cela surtaxe beaucoup trop rapidement le corps et l'esprit. Certes, il faut solliciter de façon suffisante nos capacités physiques pour qu'il y ait adaptation, mais ce stress doit être suivi d'une récupération adéquate. C'est en se reposant à la suite d'un entrainement que nous devenons plus fort, ce n'est pas en s'entrainant toujours au maximum de nos capacités.

1960-70 : Entrainement d'endurance (volume)

Arthur Lydiard, vous connaissez? Lydiard est un coach des années 70 et un pionnier des entrainements longues distances à intensité modérée et à allure stable. Du haut volume (160 km+ par semaine) et des sorties longues (2h+) sont les prémisses de l'entrainement d'endurance. Les séances plus intenses de type intervalles sont quand même présentes avec ce type d'entrainement malgré le haut volume, mais seulement de façon cyclique et seulement en vue de la compétition préparée.

L'ardent défendeur de ce principe croit que les gains en endurance sont proportionnels et presque uniquement dus au volume fait en entrainement. Ici, le « No pain, no gain » est boudé en faveur du « Practice makes perfect ».

Mais est-ce vraiment en forgeant que nous devenons forgeron? Être forgeron est un métier, une profession. Pour devenir meilleur dans un métier, il faut pratiquer ce métier. Donc oui, c'est en forgeant que nous devenons un meilleur forgeron. Cependant, dans le cas d'adaptations physiques, même à intensité modérée, si le volume de travail devient trop important, la récupération demeure insuffisante et le surentrainement (ou la blessure) survient.

Beaucoup d'athlètes progressent malgré tout avec ce type d'entrainement. Sollicitant de façon moins intense nos capacités physiques, ces dernières semblent s'adapter plus efficacement que l'entrainement quasi exclusif en intervalles, car le corps peut quand même récupérer plus rapidement si le volume d'entrainement ne va pas au-delà des capacités de récupération de l'athlète. Il est donc indéniable de constater, par de nombreux résultats passés, que la formule fonctionne, mais la plupart des amateurs n'ont pas le temps, ni l'énergie, ni la motivation, ni les capacités physiques et mentales de s'entrainer ainsi.

1980-90 : La levée de la science

Le style d'entrainement des années 1980-90 provient en grande partie de la science, qui, à l'époque, semblait avoir réponse à tout. Les termes VO2Max, VMA, seuil anaérobie, seuil aérobie, zones d'entrainement, seuil lactique virent tous le jour dans ces années-là.

On ne s'entrainait plus selon la perception à l'effort ou selon l'objectif, mais bien selon des zones d'entrainement pratiquement magiques. Au diable la spécificité! Résultat? Certains continuaient de bien performer en suivant un type d'entrainement haut volume tel que Lydiard l'avait enseigné préalablement, alors que d'autres, qui se référaient uniquement à la science pour dicter leurs entrainements, obtinrent des résultats médiocres.

2000 et + : Combinaison volume et intensité

Depuis déjà plusieurs années, les programmes d'entrainement en course à pied disponibles sur Internet ou ailleurs sont généralement conçus selon les concepts et règles définis par cette troisième école de pensée traditionnelle. L'amateur et l'élite utilisent sensiblement la même philosophie et s'entrainent de façon semblable ; l'amateur voulant toujours copier ce que l'athlète élite fait. Évidemment, l'amateur aura un volume réduit par rapport à l'athlète élite, mais la proportion intensité/volume des deux coureurs sera pratiquement la même dans chacun des programmes.

Mais que dit cette philosophie d'entrainement traditionnelle ? En bref, un peu de « No Pain, No Gain » avec beaucoup de « Practice makes perfect » !

Selon cette philosophie, tout programme d'entrainement bien conçu doit comporter d'abord une phase de mise en forme visant à préparer le corps et l'esprit à un travail plus spécifique, ciblé sur l'objectif du coureur. Cette phase plus spécifique du programme privilégie une augmentation graduelle de la durée, de la fréquence et de l'intensité à l'entrainement. Cela commence généralement par 3 ou 4 séances par semaine à faible intensité (appelé dans le jargon « endurance fondamentale »), en y incluant une sortie plus longue le dimanche pour non seulement adapter les tendons et les muscles à l'effort, mais aussi pour augmenter la taille et le nombre de mitochondries ; ces « centrales énergétiques » des cellules. Au fil des semaines s'ajoutent un peu d'intensité et des séances plus soutenues en lien avec l'objectif préparé. Au milieu du programme, le coureur doit faire 5 à 6 séances par semaine (« practice makes perfect »), dont 1 à 2 séances plus intenses (« no pain, no gain ») pratiquées sous forme d'intervalles (souvent inférieurs à 2 minutes). Les autres séances de la semaine sont, la plupart du temps, courues en endurance purement fondamentale pour soi-disant favoriser la récupération. Plus la date de la compétition approche, plus le volume diminue alors que l'intensité est à son apogée. Dans la période d'affutage (dernière semaine du plan avant la compétition), volume et intensité sont réduits afin que l'athlète soit en pleine forme le jour de la course.

De prime abord, cette combinaison intensité/volume tient bien la route et semble idéale. C'est d'ailleurs la méthode d'entrainement traditionnelle la plus utilisée à ce jour. Avec cette méthode, les séances plus intenses sont incorporées seulement à partir du tiers du programme, laissant les premières semaines d'entrainement à l'augmentation graduelle du volume. Ceci a pour objectif d'amener le coureur à avoir une bonne base d'endurance avant d'entamer les séances plus difficiles. Ce raisonnement est logique, car sans une bonne base foncière, les séances plus intenses engendraient un plus grand risque de blessures. De plus, un gain en endurance permet également de supporter plus efficacement les séances ardues. Sans endurance, la charge de travail peut être sévèrement réduite.

Malgré tout, même en suivant scrupuleusement les règles de ce type de programme traditionnel, le risque de blessure, le surentrainement et l'épuisement demeurent possibles compte tenu du haut volume de l'entrainement. De plus, qui dit haut volume, dit beaucoup de temps passé à s'entrainer. Ce modèle ne convient pas à certains amateurs qui veulent courir et être en forme, mais qui ne le font pas par manque de temps.

Cependant, l'élite adopte généralement ce modèle, mais

pour éviter les blessures, récupérer plus rapidement et progresser de façon constante, ils ont autour d'eux toute une équipe de médecins, physiothérapeutes et préparateurs physiques que nous, amateurs, n'avons pas nécessairement le privilège d'obtenir.

2019 : La méthode ENDUROFIT ONE

Qu'arrive-t-il si on déconseille, lors des séances d'entrainement, les intervalles trop intenses de moins de 2 minutes et qu'on travaille essentiellement la spécificité de l'effort combinée à une bonne récupération active? On obtient la méthode ENDUROFIT ONE! Par ailleurs, lorsque nos allures d'entrainement sont calquées sur nos allures actuelles de compétitions (5 km, 10 km, demi-marathon, marathon), le volume hebdomadaire peut considérablement être réduit sans affecter les performances. Évidemment, il faut éviter l'erreur du débutant qui court souvent trop vite ou trop longtemps à allure spécifique. Par exemple, il ne s'agit pas ici de courir 5 km, en entrainement, à votre allure de compétition 5 km. Tous les WoWs de ENDUROFIT ONE pratiquent une portion (en kilomètres ou en minutes) de la distance de compétition. Cela permet, entre autres, de générer une adaptation spécifique à l'effort sans brimer votre motivation par des séances trop ardues tout en réduisant votre risque de blessures.

Tandis que les méthodes traditionnelles ne travaillent la spécificité que dans les 3 ou 4 dernières semaines précédant la compétition, la méthode ENDUROFIT ONE la prescrit dès le début du plan d'entrainement et fait progresser cette spécificité toute le long du programme selon l'évolution de votre état de forme.

Depuis les années 2000, plusieurs entraineurs pensent que l'athlète doit parcourir toutes les plages possibles de vitesses, allant de la course très lente au sprint, afin d'avoir une adaptation maximale. Or, dans ce cas, à moins de consacrer plusieurs heures à l'entrainement, l'adaptation sera générale plutôt que maximale. Avec ENDUROFIT ONE, si vous suivez ses principes et les appliquez scrupuleusement, vous obtiendrez en 1 heure d'entrainement par semaine l'équivalent de 3 ou 4 heures d'entrainement traditionnel.

3 MYTHES À OUBLIER

MYTHE #1 :

« Pour progresser en course à pied, vous devez courir au moins 30 minutes 3 fois par semaine et au minimum de 4 à 6 fois par semaine pour préparer un marathon. »

FAUX.

C'est le mythe le plus profondément ancré dans la tête de tous ceux et celles qui pratiquent la course à pied.

Néanmoins, il est indéniable de constater que plus souvent et plus longtemps on pratique un sport, meilleur on devient. Quelques études démontrent qu'une heure d'entrainement en course à pied serait plus bénéfique qu'une demi-heure, et que 2 heures seraient mieux qu'une heure. Cependant, en augmentant la distance et la durée de la séance (volume), en plus d'augmenter le nombre de séances par semaine, le risque de blessures et le surentrainement deviennent considérables.

Pourtant, la plupart des programmes d'entrainement traditionnels en course à pied trouvés sur Internet pour l'athlète amateur (et même ceux donnés à leurs athlètes par de nombreux entraineurs) utilisent la méthode d'augmentation graduelle de volume afin de préparer le coureur à l'événement pour lequel il s'entraine. Ces programmes commencent généralement par une portion dite « mise en forme » où l'endurance purement fondamentale prédomine et où la vitesse n'a pas d'importance. Les choses se compliquent lorsque, par la suite, les séances deviennent plus nombreuses, plus intenses et plus longues, augmentant le nombre kilomètres parcourus par semaine et, par conséquent, le volume d'entrainement. Dans les dernières semaines du plan, il n'est pas rare que vous deviez courir au minimum de 4 à 6 fois par semaine, et faire de 5 à 8 heures d'entrainement par semaine.

Vous manquez de temps, et faire votre sortie longue à chaque dimanche vous épuise? Vous avez déjà couru 4 fois cette semaine, en y incluant une séance intense d'intervalles et en plus, le plan vous indique que vous devez réaliser cette sortie longue de 2 heures en y incluant 2 x 20 minutes à allure marathon ? La question à se poser serait : « est-ce que je peux progresser en courant moins souvent, et en repoussant cette fameuse sortie longue seulement lorsque mon corps et mon esprit auront totalement récupéré de la séance précédente? » La réponse est : « Oui » ! Malgré tout ce qui se dit par rapport à la fréquence et la durée d'entrainement, il vaut mieux courir moins souvent, et avoir quasi totalement récupéré entre les séances. Cependant, comme vous l'avez lu précédemment dans le chapitre expliquant la Récupération Active, il ne s'agit pas non plus de rester assis à ne rien faire entre les séances.

_____

Question du coureur débutant trop motivé :

« Bonjour, j'ai commencé la course à pied il y a déjà 2 jours et aujourd'hui j'ai décidé d'augmenter progressivement mon kilométrage. J'ai fait une mini sortie de 45 km afin d'être prêt pour mon premier marathon qui aura lieu dans une semaine. Cependant, après mon 4e kilomètre, j'ai senti une vive douleur à mon tendon d'Achille. J'ai quand même continué et au 8e kilomètre, comme je ne pouvais plus mettre de poids sur ma cheville, j'ai couru le reste du parcours en boitant. J'y ai passé toute la nuit, et en rentrant enfin à la maison au petit matin, mes enfants étaient en train de se préparer pour aller à l'école. Avez-vous déjà eu ce problème ? »

Réponse du militaire à la retraite :

« Dans mon temps, quand j'étais au Viêt Nam, on se souciait très peu des problèmes que pouvaient avoir votre soi-disant dénommé Achille. On courrait pour sauver notre peau. Allez, soldat, arrêtez de vous plaindre ; ayez un peu de fierté ! Au pire, vous perdrez une jambe. Il faut voir les bons côtés, vous serez plus léger pour vous déplacer. »

MYTHE #2 :

« Pour progresser rapidement en course à pied, il faut faire des séances d'intervalles chaque semaine. »

FAUX.

Ce qu'il faut savoir, c'est qu'il existe 3 différentes filières énergétiques (aérobie, anaérobie lactique et anaérobie alactique). Un 5 km ou un 10 km est couru à plus de 95 % en utilisant uniquement la filière aérobie. Un marathon, quant à lui, se court presque entièrement à l'aide de ce système. En faisant trop souvent des séances par intervalles courts (moins de 2 minutes), dont les fractions de course sont courues à haute intensité, nous sollicitons de façon importante les deux autres filières énergétiques (anaérobie lactique et anaérobie alactique). Si vous pratiquez le 400 mètres, cela vous sera bénéfique, mais sinon, il est inutile, et même très demandant énergiquement, de solliciter trop cette filière sans avoir une bonne base foncière.

Pour devenir performant, plusieurs pensent qu'il faut courir vite. Erreur ! Pour performer, il faut être endurant. Pour être endurant, il faut travailler la filière aérobie. Faire des intervalles de 200 mètres en sprint vous aidera très peu pour votre demi marathon. De plus, un plan d'entrainement qui compte trop de séances par intervalles de moins de 2 minutes fatigue considérablement le corps ; la récupération post-séance est pénible et le risque de blessures devient plus grand.

OUBLIEZ LES PLANS D'ENTRAINEMENT TRADITIONNELS

Question du coureur vantard :

« Bonjour, mon nom c'est Vantar Dise. Hier, j'ai fait 24 intervalles de 2 minutes à 24km/h (voir mon selfie sur Facebook ; je suis tout sourire). Comme j'ai fait ma sortie en nature, j'en ai profité pour cueillir quelques fleurs à donner à ma femme. Sur quelle allure pensez-vous que je puisse partir lors de mon prochain marathon ? »

Réponse de l'Expert qui sait tout :

« M. Dise, vos récupérations entre chaque intervalle étaient-elles de moins de 30 secondes? Nous ne pouvons pas estimer votre allure marathon sans connaître un peu la composition de votre entrainement. Mais une chose est sûre, n'oubliez pas de vous hydrater convenablement : 20 litres aux 100 km minimum et peut-être même plus si y allez de reculons. »

MYTHE #3 :

« La performance en course à pied est uniquement limitée par la Vo2Max. Ainsi, l'analyse explicite de certains marqueurs physiologiques après chaque séance serait bénéfique afin de pouvoir améliorer efficacement ce paramètre. »

FAUX.

De nombreux tableaux d'équivalences disponibles sur Internet se fient uniquement sur votre Vo2Max (ou sur votre VMA) estimée pour prévoir vos performances sur une distance donnée. Selon ces tableaux, plus élevée est votre Vo2Max (ou VMA), plus vous serez performant. Et, selon plusieurs études, pour augmenter sa VMA, il faut faire des intervalles. Nous voici ainsi dans un cercle vicieux.

Or, depuis les études publiées par Di Prampero et al. (1986), il est effectivement admis, que la performance en course à pied est en grande partie déterminée par la consommation maximale d'oxygène (Vo2Max), mais plusieurs études soutiennent également que ce paramètre est loin d'être le seul. Entre autres, la capacité à notre cerveau de résister à la fatigue (motivation) serait un facteur très important à considérer (Noakes T.D., 2012). Cependant, la motivation est très difficile à analyser et est unique à chaque individu. Le chapitre suivant traite en détails de ce sujet.

Question du coureur analytique :

« Bonjour passionnés de course à pied ! Si j'analyse le volume maximal d'oxygène consommé ainsi que les courbes cardiaques de ma dernière séance d'intervalles, je vois une étroite corrélation entre l'accumulation de protons H+ et une baisse importante du pH cellulaire qui inhibe l'activité de l'enzyme régulatrice de la glycolyse et, par conséquent, entrainerait l'arrêt de la synthèse de l'ATP. À la lumière de ces informations, que faut-il manger avant de faire un marathon ? »

Réponse du professeur de recherche antinucléaire :

« Très bonne question ! Je crois que le nombre de calories ingérées est en relation avec votre deuxième seuil ventilatoire (nommé SV2) ; celui qui est situé juste au-dessus du nombril. »

Question du coureur « Hi-Tech » :

« Bonjour à tous, technophile de la course à pied ! Je viens tout juste de m'acheter le nouveau chandail de compression anti-sudation "BodyFit SuperMegaGlide GPS HD 2.0" ainsi qu'une paire de "SuperLuna AntiGravity Neantherdal Barefoot". Cependant, j'ai un petit souci : lorsque j'essaie de connecter le GPS de mon chandail sur le satellite de Mars, le système me demande d'introduire correctement le suppositoire sans fil. Ma question : J'ai bien le suppositoire en main, mais où mettre le connecteur afin qu'il puisse faire le relais entre Mars, mes SuperLuna et mon beau bodyfit GPS HD 2.0 ? »

Réponse du vendeur de téléviseurs bon marché :

« Premièrement, félicitations pour l'acquisition de ce nouvel équipement. Tu iras sans doute beaucoup plus vite grâce à tes SuperLuna. Concernant le suppositoire sans fil, regarde dans le dos tout en bas du chandail, tu verras, il y a une petite fente où l'introduire. Assure-toi qu'il soit bien lubrifié, car j'ai entendu dire que les connecteurs devaient être humides pour fonctionner correctement. Dans tous les cas, bonne chance mon ami ! »

4 RÈGLES À RETENIR

RÈGLE #1 :
AUGMENTEZ PROGRESSIVEMENT L'ALLURE.

L'erreur principale du coureur débutant est d'essayer, à chaque séance, de battre son record de la séance précédente sur une distance donnée. Or, en travaillant de cette façon, vous allez pratiquement au bout de vos capacités à chaque séance, vos risques de blessures augmentent de façon exponentielle et vous vous démotivez très vite. L'entrainement n'est pas une compétition.

Si vous courez trop vite, vous sollicitez la filière anaérobie et ce n'est pas le but recherché. Pour performer, il faut d'abord développer votre base foncière, c'est-à-dire la filière aérobie.

Oubliez les intervalles trop courts et les séances à faire vomir vos tripes. C'est peut-être stimulant d'y aller à fond en mettant une musique à vous défoncer les tympans, mais cela sera totalement contre-productif à moyen terme.

Mais attention! Ne pas courir trop vite ne signifie pas courir lentement! Vous devez courir à une allure motivante, ni trop lente, ni trop vite. Pour cela, respectez les allures prescrites dans les WoWs. Il est également primordial de tenir un journal de ses séances. Si vous trouvez que la séance a été trop facile par rapport aux allures dictées, augmentez légèrement les allures à la séance suivante. Il n'est pas nécessaire de refaire un test 3 km. Il suffit simplement de sélectionner la ligne suivante dans le tableau des allures d'entrainement figurant à l'annexe 2 et de courir le prochain workout à ces allures d'entrainement. Cependant, dans le cas contraire, si la séance a été trop ardue, réduisez vos allures d'entrainement.

RÈGLE #2 :
NE COUREZ PAS TROP LONGTEMPS.

Vous manquez de temps? Vous allez aimer la règle #2.

Pourquoi ne pas courir des séances de 2h-2h30? N'est-ce pas plus efficace? Ne le cachons pas. Oui, cela serait théoriquement plus efficace. Mais seulement si vous êtes capable d'enchaîner le volume de ces séances et surtout, si vous ne vous blessez pas.

De plus, certaines personnes pourront sans problème encaisser 80+ km par semaine, mais ce n'est pas mon cas. Et beaucoup de gens sont dans la même situation que moi. Plus on vieillit, plus il est difficile de récupérer. Cependant, ce n'est pas juste une question de récupération. Nous sommes des coureurs amateurs. Nous avons tous des responsabilités familiales et professionnelles et nous n'avons pas tous le temps de courir 6h-8h par semaine.

RÈGLE #3 :
ADAPTEZ LA SÉANCE SELON LA SITUATION.

Beaucoup d'entraineurs négligent ce point. La motivation est essentielle dans toutes activités. Focussez sur l'objectif et faites un suivi très serré de votre progression. Ajustez vos allures selon l'environnement et votre état de forme du moment. Plusieurs se démotivent lorsqu'ils sont incapables de tenir l'allure de la séance précédente. Plusieurs facteurs environnementaux (chaleur, froid, pluie, ...) et la santé (rhume, courbatures, ...) sont à prendre en compte et peuvent expliquer la perte de vitesse. Adaptez vos séances. Ne vous en faites pas. L'important, c'est la progression globale, sur plusieurs mois, et non la progression d'une semaine à l'autre.

RÈGLE #4 :
ESSAYEZ D'OBTENIR LE MAXIMUM AVEC LE MINIMUM D'ENTRAINEMENT.

Cette dernière règle est la base même du concept ENDUROFIT ONE. Elle regroupe, à elle seule, toutes les règles précédemment évoquées : allez-y progressivement, ne courez pas trop longtemps, pas trop souvent et adaptez votre entrainement selon la situation.

Chapitre QUATRE

L'ENDURANCE, C'EST QUOI?

Selon le dictionnaire Larousse, l'endurance est « *l'aptitude à résister aux fatigues physiques ou aux épreuves morales* ».

Ainsi, considérant cette définition, il y aurait deux types d'aptitudes et, par conséquent, deux types d'endurance à considérer: l'endurance de nature biologique (fatigues physiques) et l'endurance mentale (épreuves morales). Mais est-il erroné de définir deux types d'endurance? L'endurance peut-elle être physique?

Quand vous dites que vous manquez d'endurance, vous pensez qu'il vous manque quoi? Des muscles plus forts qui préservent plus efficacement le glycogène? Un cœur plus gros pour pomper plus de sang à vos organes? Formulé autrement, quand vous affirmez que vous avez enduré ceci ou cela, qu'est-ce que cela signifie? Cela signifie que vous avez VÉCU une expérience douloureuse. Que cette douleur soit conséquente à un événement tragique (le décès d'un proche) ou une défaillance physique (une entorse de la cheville) importe peu ; les deux événements peuvent faire mal autant l'un que l'autre. Tout est une question de perception, mais aussi d'émotion. Par exemple, si votre vie en dépendait, vous seriez surement capable de courir un kilomètre ou deux sur une entorse de la cheville malgré la douleur. La perception de cette douleur pourrait même être moindre que si vous vous étiez foulé la cheville en vous levant de votre fauteuil pour aller vous chercher un soda.

Dans chacun des cas, c'est l'expérience et non les effets physiques que vous endurez. Ainsi, quelqu'un avec un mental plus fort supportera mieux l'expérience, quelle que soit cette expérience.

Nous pouvons donc maintenant redéfinir ce qu'est l'endurance. L'endurance est l'aptitude à résister aux expériences douloureuses. Point. Par conséquent, la douleur est une perception, et la « fatigue physique » est une mauvaise interprétation de ce qu'est la fatigue, étant elle-même une perception et/ou une émotion. Le domaine sportif a pris des décennies à comprendre cela. Désormais, des psychologues sportifs travaillent de concept avec les entraineurs et les athlètes afin d'assurer une performance optimale. Vous en doutez toujours?

D'où provient la fatigue? Est-elle responsable de l'arrêt ou de la diminution de l'exercice? Est-ce les muscles eux-mêmes qui décident de diminuer l'efficacité des contractions ou le cerveau qui nous protège d'un vice corporel imminent? Les blessures physiques existent réellement et le muscle est altéré physiquement lorsque nous faisons de l'exercice, mais il est erroné de dire que le muscle est fatigué ; c'est plutôt le système nerveux qui l'est. Comme la fatigue est une perception, elle provient du cerveau qui influence l'efficacité des contractions musculaires et régule l'exercice en essayant d'anticiper toute défaillance biologique qui pourrait devenir catastrophique et mettre l'athlète en danger de mort. Chaque exercice se termine donc avant qu'une défaillance de l'homéostasie ne survienne. Cependant, certaines défaillances sont imprévisibles pour le cerveau (la mort subite par exemple) et l'athlète est donc exposé au danger chaque fois qu'il fait de l'exercice. Mais, la plupart du temps, la douleur ressentie indique au cerveau comment réagir.

Ce concept de fatigue est issu des recherches, entre autres, de Tim Noakes qui proposa un modèle dans lequel le cerveau agit comme gouverneur central (Noakes T.D., 2012) en régulant le nombre d'unités motrices au niveau des muscles utilisés pour la tâche de telle sorte que la vitesse et la puissance fournies ne dépassent jamais la capacité biologique de l'athlète. Tout exercice est donc de type sous-maximal, même si l'athlète pense qu'il travaille à intensité maximale. Le cerveau se garde toujours une réserve. Par exemple, si votre record de temps au 10 km est 50 minutes, pensez-vous que, selon les mêmes conditions physiques et environnementales, vous pourriez battre ce record sans vous être entrainé davantage? On vous offre 10 000 $ pour courir ce 10 km en 49 minutes. Allez-vous réussir? Je suis persuadé que oui. Pourtant, vous pensiez, il y a à peine un instant, que votre potentiel maximum au 10 km valait 50 minutes. Comment cela serait possible? Cela s'appelle la motivation.

Ainsi, selon Noakes (Noakes T.D., 2012), la performance est déterminée par de multiples facteurs. Parmi ces facteurs, notons, entre autres et non exclusivement, l'état physique de l'athlète au début de la séance d'entrainement ou de la compétition, son état émotionnel, ses convictions, les concurrents, le gain monétaire de l'événement, sa fatigue mentale, et surtout sa motivation. Malgré tout, à un moment ou à un autre, il est évident que, si l'activité physique est trop intense, il manquera de substrats énergétiques pour fournir la demande, mais, dans la majorité des cas, le cerveau freinera votre élan avant que cette limite ne devienne catastrophique. Il vous gardera toujours une réserve afin que vous puissiez revenir à la maison sur vos deux jambes.

Cependant, si le cerveau gère tout durant l'exercice, pourquoi les blessures physiques sont bien réelles et non pas anticipées par ce même cerveau si bien réglé? Plusieurs hypothèses et faits peuvent expliquer le phénomène. Primo, un événement externe est à l'origine de la plupart des blessures. Par exemple, en course à pied, un trou, une roche, une collision, un atterrissage du pied déphasé par un terrain accidenté; bref, tout est susceptible de créer une blessure à chaque pas. Le cerveau peut très difficilement anticiper un mauvais mouvement de la part de l'athlète dû à un événement externe. Secundo, une récupération inadéquate avant de refaire à nouveau une séance peut aggraver les microdéchirures déjà présentes et créer de l'inflammation. Dans ce cas, on a généralement fait fi des signaux avant-coureurs que notre cerveau nous a envoyés. Tertio, certaines blessures arrivent soudainement sans qu'une douleur préalable soit ressentie et les causes de ces blessures sont difficilement explicables. La crampe musculaire en est un exemple. Mais cela demeure néanmoins une des seules blessures physiques dont les causes sont encore, à ce jour, nébuleuses.

Cependant, depuis plusieurs décennies, nous pensions que l'endurance (et par conséquent la performance) était uniquement limitée par les muscles et leur capacité à produire de l'énergie (donc uniquement de nature physique et mécanique, sans contrôle ni intervention cérébrale). Selon Archibald Vivian Hill (Hill et Lupton 1923 ; Hill et coll,

1924a, b, c), le problème était soit un manque de substrat énergétique disponible tel que le glucose ou le glycogène, soit une inefficacité des organes à délivrer adéquatement et en quantité suffisante l'oxygène nécessaire à produire cette énergie. Ce manque d'oxygène était conséquent à une acidification (augmentation de l'acide lactique) des muscles en mouvement, limitant leurs contractions et limitant ainsi, par le fait même, la performance.

Près de 100 ans plus tard, plusieurs pensent encore, en grande partie, que la fatigue est limitée par cet approvisionnement déficient en oxygène aux muscles. Plusieurs soutiennent également qu'à une intensité « seuil » donnée, le muscle n'a plus d'oxygène pour oxyder les nutriments qui fournissent l'énergie et commence à travailler en conditions anaérobie, c'est-à-dire sans oxygène. La conséquence à ce manque en oxygène provoque ainsi une augmentation accrue d'un déchet, nommé acide lactique, dans les muscles pendant l'exercice. Cet endoctrinement assidu se reflète même dans les plans d'entrainement de certains entraineurs qui se collent sur ce qui se faisait par le passé sans chercher à savoir vraiment ce qui limite la performance.

Qu'en est-il réellement?

D'abord, il est erroné d'affirmer que l'acide lactique (lactate) est un poison ou un déchet et qu'il faut à tout prix éviter d'en produire. Au contraire! Si vous voulez lire un exposé scientifique qui explique très bien le sujet, je vous invite à consulter l'excellent article de Luc Léger dont la référence est citée dans la bibliographie présente à la fin de ce livre. En résumé, « le lactate n'est pas le déchet et encore moins cette toxine qui empoisonne le muscle comme il est dit quelquefois, mais rien de plus qu'un métabolite intermédiaire à fort potentiel énergétique » (Léger Luc, Cazorla Georges, Petibois Cyril et al., 2001). Au tout début de l'exercice et même au repos, les muscles produisent du lactate, peu importe l'intensité. Une partie de ce lactate est oxydée dans la mitochondrie (usine cellulaire à énergie) (Brooks et al. 1999) tandis qu'une autre partie est utilisée pour reconstituer du glucose qui, lui-même, sera converti en énergie, donc en ATP (adénosine triphosphate) pour ceux qui voudraient connaître le terme scientifique. Finalement, une négligeable partie du lactate est éliminée par les urines. Ainsi, le lactate n'est pas un déchet, mais essentiellement un précurseur à la régénération d'énergie en étant transformé par réactions chimiques. Et plus l'intensité est élevée, plus les muscles produisent du lactate.

Si cela est vrai, ne serait-il donc pas mieux de toujours s'entrainer à intensité maximale pour produire le plus possible de lactate et ainsi régénérer le plus d'énergie ? Cela dépend de votre objectif. Il ne faut pas oublier que plus l'exercice est intense, plus la demande énergétique est forte également. Par exemple, un fort producteur d'acide lactique est le guépard. Il court très vite (plus de 110 km/h en vitesse de pointe), mais ses réserves s'épuisent rapidement et son cerveau l'arrête avant que son réservoir ne soit vide. Pour de très courtes distances ou pour des épreuves demandant beaucoup de force, les plus performants sont ceux qui produisent le plus de lactate, donc ceux dont la dégradation du glucose par glycolyse est la plus efficiente afin de fournir rapidement l'énergie nécessaire demandée. Pour un mouvement donné, si plus de fibres musculaires sont sollicitées, plus de glucose sera utilisé, plus de lactate sera produit et plus puissante sera la force déployée. Le lactate n'est pas responsable de cette puissance, mais il est plutôt le témoin de cette puissance.

Malgré tout, le cerveau limite toujours la proportion de fibres musculaires utilisées. Jamais il ne prendra toutes les fibres disponibles d'un muscle pour faire un exercice (Noakes TD et al., 2005). Encore là, il se gardera toujours une réserve. Durant un effort maximal, seulement environ 60 % des fibres du muscle en mouvement sont recrutées (Sloniger et al., 1997a,b; Albertus, 2008).

Cependant, pour des temps d'effort allant au-delà de 2 minutes, pour performer, il vaut mieux chercher à entrainer les muscles à obtenir une meilleure et plus grande oxydation des nutriments. Cela s'obtient, entre autres, par l'augmentation du nombre de mitochondries disponible dans la fibre musculaire et une amélioration du réseau des capillaires sanguins. Le but de la méthode ENDUROFIT ONE est justement de vous faire performer pour des distances nécessitant non pas de la puissance brute, mais plutôt une bonne économie des ressources disponibles.

Tout cela pour dire que peu importe l'objectif recherché (force ou endurance), le taux de lactate dans le sang est juste une conséquence au type d'entrainement et n'est d'aucune façon un indicateur de progression.

Par conséquent, si votre entraineur ou l'auteur de vos plans d'entrainement en course à pied, vous propose des séances de type tempo (« tempo runs »), demandez-lui s'il sait pourquoi ce type de séance pourrait être bénéfique pour vous. S'il vous répond que c'est pour vous apprendre à éliminer plus rapidement ce déchet toxique qu'est l'acide lactique et que d'en avoir le moins possible dans le sang soit l'objectif recherché, il a tout faux ; changez d'entraineur. Néanmoins, ces séances sont effectivement très bénéfiques et **ENDUROFIT ONE** les suggère sous différentes formes dans plusieurs WoWs de sa méthode. Cependant, le but recherché de ces séances n'est pas d'éliminer plus rapidement les lactates, mais bien d'apprendre à l'utiliser plus efficacement comme source d'énergie.

À la lumière de ces explications sur, entre autres, l'acide lactique et sur les causes engendrant la fatigue, est-il préférable d'apprendre aux muscles à éviter l'échec contractile en courant chaque jour de nombreux kilomètres au détriment de la récupération ? Dit plus simplement, peut-on progresser dans un sport d'endurance, tel que la course à pied, en ayant une fréquence d'entrainement minimale, mais avec un entrainement optimal axé quasi exclusivement sur l'objectif ? La plupart de puristes diraient « non » ; ce livre tente de prouver le contraire.

CONCLUSION
ENCORE SEPTIQUE?

Il ne suffit pas d'avoir raison. Il faut prouver la théorie par la pratique. Depuis 2 ans, je fais des tests de terrain afin de vous offrir la méthode la plus optimale et la plus complète possible afin de répondre aux besoins spécifiques du coureur occupé que vous êtes.

Je ne suis pas un extraterrestre, je suis humain comme vous. Je ne me considère aucunement comme un prodige de la course à pied et si ma méthode a fonctionné pour moi, pourquoi ne fonctionnerait-elle pas pour vous? Bien entendu, toute nouvelle façon de faire, tout changement à des principes d'entrainement traditionnellement ancrés en vous, requiert un temps d'adaptation qui nécessite une ouverture d'esprit de votre part.

La méthode n'est pas parfaite; j'en suis conscient, mais, de toute façon, aucune méthode d'entrainement ne l'est. Chacune comporte son lot d'avantages et d'inconvénients. Celui qui vous proclame haut et fort qu'il a LA méthode sans faille pour maigrir, progresser, ou devenir le meilleur très rapidement, est un charlatan que vous devez absolument fuir. Ne soyez pas dupe, ne croyez pas à la méthode parfaite, mais croyez en vous, en vos capacités à accomplir de grandes choses.

ANNEXES

ANNEXE 1

TABLEAU D'ÉQUIVALENCE DES PERFORMANCES DU 5 KM AU MARATHON SELON VOTRE TEST 3 KM

Le tableau suivant vous fournit des estimations de temps pour diverses distances selon le meilleur temps que vous avez obtenu lors de votre test 3 km.

Ainsi, pour déterminer votre prochain objectif, réalisez d'abord un test 3 km. Pour ce faire, il vous suffit de courir pendant 3 km sur une surface plane. Sélectionnez ensuite la ligne correspondante dans le tableau ci-dessous selon le temps que vous avez obtenu à ce test. Choisissez finalement la colonne correspondante à la distance que vous voulez courir à votre prochaine compétition. (5 km, 10 km, demi-marathon ou marathon). Ce temps deviendra alors votre objectif à réaliser.

Tableau d'équivalence des performances (hh:mm:ss) du 5 km au marathon selon votre test 3 km				
Test 3K	5K	10K	21.1K	MARATHON
00:20:33	00:35:21	01:15:38	02:50:57	-
00:20:12	00:34:45	01:14:21	02:48:02	-
00:19:59	00:34:22	01:13:33	02:46:14	-
00:19:40	00:33:50	01:12:23	02:43:36	-
00:19:27	00:33:27	01:11:35	02:41:48	-
00:19:15	00:33:07	01:10:51	02:40:08	-
00:18:56	00:32:34	01:09:41	02:37:30	-
00:18:45	00:32:15	01:09:01	02:35:58	-
00:18:27	00:31:44	01:07:55	02:33:29	-
00:18:16	00:31:25	01:07:14	02:31:57	-
00:18:05	00:31:06	01:06:34	02:30:26	-
00:17:49	00:30:39	01:05:35	02:28:13	-
00:17:39	00:30:21	01:04:58	02:26:49	-
00:17:23	00:29:54	01:03:59	02:24:36	-
00:17:13	00:29:37	01:03:22	02:23:13	-
00:17:00	00:29:14	01:02:34	02:21:25	-
00:16:49	00:28:55	01:01:54	02:19:53	-
00:16:36	00:28:33	01:01:06	02:18:05	-
00:16:26	00:28:16	01:00:29	02:16:42	-
00:16:17	00:28:00	00:59:56	02:15:27	-
00:16:04	00:27:38	00:59:08	02:13:39	05:20:46
00:15:55	00:27:23	00:58:35	02:12:24	05:17:46
00:15:45	00:27:05	00:57:58	02:11:01	05:14:27
00:15:34	00:26:46	00:57:18	02:09:30	05:10:47
00:15:24	00:26:29	00:56:41	02:08:06	05:07:27
00:15:14	00:26:12	00:56:04	02:06:43	05:04:08
00:15:07	00:26:00	00:55:38	02:05:45	05:01:48

Tableau d'équivalence des performances (hh:mm:ss) du 5 km au marathon selon votre test 3 km				
Test 3K	5K	10K	21.1K	MARATHON
00:14:57	00:25:43	00:55:02	02:04:22	04:58:28
00:14:48	00:25:27	00:54:29	02:03:07	04:55:29
00:14:37	00:25:08	00:53:48	02:01:35	04:51:49
00:14:30	00:24:56	00:53:22	02:00:37	04:49:29
00:14:22	00:24:43	00:52:53	01:59:31	04:46:50
00:14:13	00:24:27	00:52:20	01:58:16	04:43:50
00:14:05	00:24:13	00:51:50	01:57:09	04:41:10
00:13:57	00:24:00	00:51:21	01:56:03	04:38:30
00:13:49	00:23:46	00:50:51	01:54:56	04:35:51
00:13:41	00:23:32	00:50:22	01:53:50	04:33:11
00:13:33	00:23:18	00:49:52	01:52:43	04:30:31
00:13:27	00:23:08	00:49:30	01:51:53	04:28:31
00:13:18	00:22:53	00:48:57	01:50:38	04:25:32
00:13:12	00:22:42	00:48:35	01:49:48	04:23:32
00:13:05	00:22:30	00:48:09	01:48:50	04:21:12
00:12:57	00:22:16	00:47:40	01:47:44	04:18:33
00:12:51	00:22:06	00:47:18	01:46:54	04:16:33
00:12:43	00:21:52	00:46:48	01:45:47	04:13:53
00:12:37	00:21:42	00:46:26	01:44:57	04:11:53
00:12:31	00:21:32	00:46:04	01:44:07	04:09:53
00:12:24	00:21:20	00:45:39	01:43:09	04:02:24
00:12:18	00:21:09	00:45:16	01:42:19	04:00:27
00:12:11	00:20:57	00:44:51	01:41:21	03:58:10
00:12:06	00:20:49	00:44:32	01:40:39	03:56:32
00:11:59	00:20:37	00:44:06	01:39:41	03:54:16
00:11:54	00:20:28	00:43:48	01:38:59	03:52:38

Tableau d'équivalence des performances (hh:mm:ss) du 5 km au marathon selon votre test 3 km

Test 3K	5K	10K	21.1K	MARATHON
00:11:48	00:20:18	00:43:26	01:38:10	03:50:40
00:11:42	00:20:07	00:43:04	01:37:20	03:48:43
00:11:36	00:19:57	00:42:42	01:36:30	03:46:46
00:11:30	00:19:47	00:42:20	01:35:40	03:44:49
00:11:26	00:19:40	00:42:05	01:35:07	03:38:45
00:11:20	00:19:30	00:41:43	01:34:17	03:36:50
00:11:15	00:19:21	00:41:25	01:33:35	03:35:15
00:11:09	00:19:11	00:41:02	01:32:45	03:33:20
00:11:05	00:19:04	00:40:48	01:32:12	03:32:03
00:11:00	00:18:55	00:40:29	01:31:30	03:30:28
00:10:55	00:18:47	00:40:11	01:30:49	03:28:52
00:10:50	00:18:38	00:39:53	01:30:07	03:27:16
00:10:45	00:18:29	00:39:34	01:29:26	03:23:00
00:10:39	00:18:19	00:39:12	01:28:36	03:21:06
00:10:35	00:18:12	00:38:57	01:28:02	03:19:51
00:10:30	00:18:04	00:38:39	01:27:21	03:18:16
00:10:26	00:17:57	00:38:24	01:26:47	03:17:01
00:10:21	00:17:48	00:38:06	01:26:06	03:15:26
00:10:17	00:17:41	00:37:51	01:25:33	03:12:28
00:10:13	00:17:34	00:37:36	01:24:59	03:11:13
00:10:09	00:17:27	00:37:22	01:24:26	03:09:59
00:10:04	00:17:19	00:37:03	01:23:44	03:08:25
00:09:59	00:17:10	00:36:45	01:23:03	03:06:51
00:09:55	00:17:03	00:36:30	01:22:30	03:05:37
00:09:51	00:16:57	00:36:15	01:21:56	03:04:22
00:09:47	00:16:50	00:36:01	01:21:23	03:03:07

Tableau d'équivalence des performances (hh:mm:ss) du 5 km au marathon selon votre test 3 km				
Test 3K	5K	10K	21.1K	MARATHON
00:09:43	00:16:43	00:35:46	01:20:50	03:01:52
00:09:39	00:16:36	00:35:31	01:20:16	03:00:37
00:09:35	00:16:29	00:35:16	01:19:43	02:59:22
00:09:31	00:16:22	00:35:02	01:19:10	02:58:07
00:09:27	00:16:15	00:34:47	01:18:37	02:54:31
00:09:24	00:16:10	00:34:36	01:18:12	02:53:36
00:09:20	00:16:03	00:34:21	01:17:38	02:52:22
00:09:16	00:15:56	00:34:07	01:17:05	02:49:35
00:09:12	00:15:49	00:33:52	01:16:32	02:48:22
00:09:09	00:15:44	00:33:22	01:15:24	02:45:53
00:09:06	00:15:39	00:33:11	01:15:00	02:44:59
00:09:03	00:15:34	00:33:00	01:14:35	02:36:37
00:08:59	00:15:27	00:32:45	01:14:02	02:35:28
00:08:55	00:15:20	00:32:31	01:13:29	02:34:19
00:08:52	00:15:15	00:32:20	01:13:04	02:33:27
00:08:49	00:15:10	00:32:09	01:12:39	02:32:35
00:08:46	00:15:05	00:31:58	01:12:15	02:31:43
00:08:43	00:15:00	00:31:38	01:11:30	02:30:08
00:08:40	00:14:54	00:31:27	01:11:05	02:29:17
00:08:37	00:14:49	00:31:16	01:10:40	02:28:25
00:08:34	00:14:44	00:31:05	01:10:16	02:27:33
00:08:31	00:14:39	00:30:55	01:09:51	02:26:42

N.B. Compte tenu du principe « faible volume » de la méthode ENDUROFIT ONE, l'indice d'endurance de l'athlète devient plus faible pour des distances au-delà du demi-marathon. Les temps estimées du **MARATHON** inscrits dans ce tableau reflètent donc cette réalité.

ANNEXE 2

ALLURES D'ENTRAINEMENT SELON VOTRE TEST 3 KM

Les allures A1 à A5 prescrites dans tous les WoWs du chapitre 1 sont indiquées dans le tableau ci-dessous. Sélectionnez les allures correspondantes selon le résultat que vous avez obtenu lors de votre test 3 km.

L'allure A1 est votre allure d'échauffement, mais aussi une allure qui se rapproche de votre allure marathon. Comme ENDUROFIT ONE est une méthode qui endosse le principe de « faible volume », l'allure marathon est donc grandement corrélée avec de votre allure d'échauffement. Les allures A2 à A4, quant à elles, sont des approximations d'allures de votre demi-marathon, 10 km et 5 km respectivement. Finalement, l'allure A5 est juste au-dessus de votre allure 3 km qui a été préalablement déterminée par votre test. Par le principe de « spécificité », que ENDUROFIT ONE promeut, il n'est pas nécessaire de s'entrainer à l'extérieur de ces zones. Beaucoup de plans d'entrainement traditionnels négligent la spécificité et essaient de vous faire courir dans toutes les zones possibles d'allures, allant de la course très lente au sprint. L'adaptation, dans ce cas, est plus généraliste et beaucoup moins corrélée sur les objectifs spécifiques de compétitions auxquelles la plupart des amateurs participent.

Allures d'entrainement (mm:ss/km) selon votre test 3 km					
Test 3K	A1	A2	A3	A4	A5
00:20:33	09:31	08:04	07:37	07:04	06:43
00:20:12	09:21	07:55	07:29	06:56	06:36
00:19:59	09:15	07:50	07:24	06:52	06:32
00:19:40	09:06	07:43	07:17	06:45	06:26
00:19:27	09:00	07:38	07:12	06:41	06:21
00:19:15	08:55	07:33	07:08	06:37	06:17
00:18:56	08:46	07:25	07:01	06:30	06:11
00:18:45	08:41	07:21	06:57	06:27	06:08
00:18:27	08:32	07:14	06:50	06:20	06:02
00:18:16	08:27	07:10	06:46	06:17	05:58
00:18:05	08:22	07:05	06:42	06:13	05:55
00:17:49	08:15	06:59	06:36	06:07	05:49
00:17:39	08:10	06:55	06:32	06:04	05:46
00:17:23	08:03	06:49	06:26	05:58	05:41
00:17:13	07:58	06:45	06:23	05:55	05:38
00:17:00	07:52	06:40	06:18	05:51	05:33
00:16:49	07:47	06:36	06:14	05:47	05:30
00:16:36	07:41	06:31	06:09	05:42	05:25
00:16:26	07:36	06:27	06:05	05:39	05:22
00:16:17	07:32	06:23	06:02	05:36	05:19
00:16:04	07:26	06:18	05:57	05:31	05:15
00:15:55	07:22	06:15	05:54	05:28	05:12
00:15:45	07:17	06:11	05:50	05:25	05:09
00:15:34	07:12	06:06	05:46	05:21	05:05
00:15:24	07:08	06:02	05:42	05:18	05:02
00:15:14	07:03	05:58	05:39	05:14	04:59
00:15:07	07:00	05:56	05:36	05:12	04:56

ANNEXE 2

Allures d'entrainement (mm:ss/km) selon votre test 3 km					
Test 3K	A1	A2	A3	A4	A5
00:14:57	06:55	05:52	05:32	05:08	04:53
00:14:48	06:51	05:48	05:29	05:05	04:50
00:14:37	06:46	05:44	05:25	05:01	04:47
00:14:30	06:43	05:41	05:22	04:59	04:44
00:14:22	06:39	05:38	05:19	04:56	04:42
00:14:13	06:35	05:35	05:16	04:53	04:39
00:14:05	06:31	05:31	05:13	04:50	04:36
00:13:57	06:28	05:28	05:10	04:48	04:34
00:13:49	06:24	05:25	05:07	04:45	04:31
00:13:41	06:20	05:22	05:04	04:42	04:28
00:13:33	06:16	05:19	05:01	04:39	04:26
00:13:27	06:14	05:16	04:59	04:37	04:24
00:13:18	06:09	05:13	04:56	04:34	04:21
00:13:12	06:07	05:11	04:53	04:32	04:19
00:13:05	06:03	05:08	04:51	04:30	04:17
00:12:57	06:00	05:05	04:48	04:27	04:14
00:12:51	05:57	05:02	04:46	04:25	04:12
00:12:43	05:53	04:59	04:43	04:22	04:09
00:12:37	05:50	04:57	04:40	04:20	04:07
00:12:31	05:48	04:55	04:38	04:18	04:05
00:12:24	05:44	04:52	04:36	04:16	04:03
00:12:18	05:42	04:49	04:33	04:14	04:01
00:12:11	05:38	04:47	04:31	04:11	03:59
00:12:06	05:36	04:45	04:29	04:09	03:57
00:11:59	05:33	04:42	04:26	04:07	03:55
00:11:54	05:31	04:40	04:24	04:05	03:53

Allures d'entrainement (mm:ss/km) selon votre test 3 km					
Test 3K	A1	A2	A3	A4	A5
00:11:48	05:28	04:38	04:22	04:03	03:51
00:11:42	05:25	04:35	04:20	04:01	03:49
00:11:36	05:22	04:33	04:18	03:59	03:47
00:11:30	05:19	04:31	04:16	03:57	03:45
00:11:26	05:09	04:29	04:14	03:56	03:44
00:11:20	05:06	04:27	04:12	03:54	03:42
00:11:15	05:04	04:25	04:10	03:52	03:41
00:11:09	05:01	04:22	04:08	03:50	03:39
00:11:05	05:00	04:21	04:06	03:49	03:37
00:11:00	04:57	04:19	04:04	03:47	03:36
00:10:55	04:55	04:17	04:03	03:45	03:34
00:10:50	04:53	04:15	04:01	03:43	03:32
00:10:45	04:51	04:13	03:59	03:42	03:31
00:10:39	04:48	04:11	03:57	03:40	03:29
00:10:35	04:46	04:09	03:55	03:38	03:28
00:10:30	04:44	04:07	03:53	03:36	03:26
00:10:26	04:42	04:05	03:52	03:35	03:25
00:10:21	04:40	04:04	03:50	03:33	03:23
00:10:17	04:34	04:02	03:49	03:32	03:22
00:10:13	04:32	04:00	03:47	03:31	03:20
00:10:09	04:31	03:59	03:46	03:29	03:19
00:10:04	04:28	03:57	03:44	03:28	03:17
00:09:59	04:26	03:55	03:42	03:26	03:16
00:09:55	04:24	03:53	03:40	03:24	03:14
00:09:51	04:23	03:52	03:39	03:23	03:13
00:09:47	04:21	03:50	03:37	03:22	03:12

ANNEXE 2

Allures d'entrainement (mm:ss/km) selon votre test 3 km					
Test 3K	A1	A2	A3	A4	A5
00:09:43	04:19	03:49	03:36	03:20	03:11
00:09:39	04:17	03:47	03:34	03:19	03:09
00:09:35	04:16	03:45	03:33	03:18	03:08
00:09:31	04:14	03:44	03:31	03:16	03:07
00:09:27	04:09	03:42	03:30	03:15	03:05
00:09:24	04:07	03:41	03:29	03:14	03:04
00:09:20	04:06	03:40	03:27	03:12	03:03
00:09:16	04:01	03:38	03:26	03:11	03:02
00:09:12	03:59	03:36	03:24	03:10	03:00
00:09:09	03:58	03:35	03:23	03:09	02:59
00:09:06	03:56	03:34	03:22	03:08	02:58
00:09:03	03:52	03:33	03:21	03:07	02:57
00:08:59	03:50	03:31	03:20	03:05	02:56
00:08:55	03:49	03:30	03:18	03:04	02:55
00:08:52	03:47	03:29	03:17	03:03	02:54
00:08:49	03:46	03:27	03:16	03:02	02:53
00:08:46	03:45	03:26	03:15	03:01	02:52
00:08:43	03:44	03:25	03:14	03:00	02:51
00:08:40	03:42	03:24	03:13	02:59	02:50
00:08:37	03:41	03:23	03:11	02:58	02:49
00:08:34	03:40	03:22	03:10	02:57	02:48
00:08:31	03:38	03:20	03:09	02:56	02:47

ANNEXE 3

PLAN D'ENTRAINEMENT 12 SEMAINES

Voici un plan d'entrainement 12 semaines qui démontre, à titre indicatif, comment vous pouvez combiner logiquement des WoWs dans un programme structuré afin d'atteindre votre objectif, peu importe la distance préparée (5 km, 10 km, demi-marathon, marathon).

Faites d'abord un test 3 km pour déterminer votre objectif (semaine 1). Référez-vous ensuite à l'annexe 1 pour connaitre votre objectif par rapport à votre résultat à ce test 3 km et à l'annexe 2 pour connaitre vos allures d'entrainement.

ATTENTION ! Ce plan pourrait être pris tel quel, mais sert également d'exemple pour vous aider à créer vous-même votre propre programme d'entrainement à partir de tous les WoWs disponibles dans ce livre. Plusieurs agencements de WoWs sont possibles afin de créer un plan d'entrainement efficace répondant entièrement à vos besoins. Si vous désirez de l'aide pour construire votre programme d'entrainement selon vos objectifs, contactez-moi à info@endurofit.one pour connaitre mes tarifs de consultant sportif.

Semaine	Dimanche	Lundi	Mardi	Mercredi	Jeudi	Vendredi	Samedi
7	Repos	Repos ou Récup. Active	Repos	WoW #1	Repos ou Récup. Active	Repos ou Récup. Active	Repos
8	Repos	Repos	WoW #40	Repos ou Récup. Active	Repos ou Récup. Active	Repos ou Récup. Active	Repos
9	Repos	WoW #41	Repos ou Récup. Active	Repos ou Récup. Active	Repos ou Récup. Active	Repos ou Récup. Active	WoW #4
10	WoW #42	Repos ou Récup. Active	WoW #44	Repos ou Récup. Active	Repos ou Récup. Active	Repos	Repos
11	Repos	Repos	Repos	Repos	Repos	Repos	Repos
12	Course						

Semaine	Dimanche	Lundi	Mardi	Mercredi	Jeudi	Vendredi	Samedi
1	Repos	Repos	Repos	Repos	WoW #1	Repos ou Récup. Active	Repos
2	Repos	Récup. Active (10 min course)	Repos ou Récup. Active	Repos	WoW #10	Repos ou Récup. Active	Repos
3	Repos	Récup. Active (10 min course)	Repos ou Récup. Active	Repos	WoW #22	Repos ou Récup. Active	Repos
4	Repos	Repos ou Récup. Active	Repos ou Récup. Active	Repos	WoW #36	Repos ou Récup. Active	Repos
5	Repos	Récup. Active (10 min course)	Repos ou Récup. Active	Repos	WoW #12	Repos ou Récup. Active	Repos
6	Repos	Récup. Active (10 min course)	Repos ou Récup. Active	Repos	WoW #16	Repos ou Récup. Active	Repos

- **Test 3 km** (semaine 1) : Avant de commencer le plan d'entrainement, faites un test 3 km (WoW #1) afin de connaître vos allures d'entrainement (A1 à A5).

- **Phase endurance active** (semaine 2 à 6): 1 WoW par semaine et récupération active entre les WoWs. Afin de favoriser une bonne progression, les lundis des semaines 2, 3, 5 et 6, je vous conseille de courir 10 minutes au lieu de marcher (allure entre A1 et A3).

- **Test 3 km** (semaine 7) : à la 7ieme semaine, refaites un test 3 km (WoW #1). Si vous avez progressé par rapport à votre test 3 km du début du programme, prenez ce nouvel objectif comme référence pour votre course de la semaine 12.

- **Phase spécifique** (semaine 8 à 11) : 1 WoW à tous les 6 jours et récupération active entre les WoWs.

- Le numéro (#) de WoW se réfère au numéro dans la liste de WoWs de la série Performance présentés au chapitre 1 de ce livre.

- La semaine 10 est doublée (2 WoWs dans la même semaine).

- Les jours « Récup. Active » sont importants. Les négliger pourrait freiner votre progression. Voir le principe « Récupération Active » pour plus de détails.

- Le samedi et le dimanche (excluant semaine 10) sont des jours de repos. Contrairement à un programme d'entrainement traditionnel, où le dimanche est généralement consacré à la sortie longue, ENDUROFIT ONE préconise des jours de repos le samedi et le dimanche afin que vous puissiez vaquer à vos activités familiales sans être trop fatigué.

- Ce plan d'entrainement n'est qu'un exemple. S'en inspirer pour une préparation de course du 5 km au demi-marathon et ajustez-vous selon votre horaire, votre niveau de forme et l'environnement. Pour le marathon, certains WoWs devront être doublés (2h) ou même triplés (3h). Si vous manquez de temps pour doubler ou tripler un WoW dans la semaine, il suffit de le déplacer le samedi ou le dimanche.

- ENDUROFIT ONE est un mode de vie. Ce plan ne s'arrête pas nécessairement à 12 semaines et peut être continué toute l'année en boucle en changeant les WoWs.

- Par son principe « faible volume », une compétition peut être planifiée n'importe quand, car ENDUROFIT ONE ne comporte pas de semaine d'affutage (réduction du volume) avant une compétition comme prescrit dans les méthodes traditionnelles.

À PROPOS DE L'AUTEUR

Alain Froment est marathonien et fondateur du concept d'entrainement ENDUROFIT ONE. Il a, à son actif, plusieurs compétitions sur des distances variant du 5 km au marathon. En 2013, comme beaucoup de débutants, il a débuté sa passion en cherchant des plans d'entrainement gratuits sur Internet. Tous ces plans étaient basés sur le même principe: une sortie longue, une séance par intervalles courts et une ou deux sorties en endurance fondamentale pour compléter la semaine. Ces plans promettaient de vous faire progresser et d'amener votre état de forme à un niveau qui vous permettrait de faire votre meilleur temps à vie sur une distance donnée.

Au début, il a progressé. Mais quand on débute la course à pied, peu importe le plan suivi, on progresse. Or, après seulement quelques mois d'entrainement, les blessures commencèrent et une régression de ses performances s'en suivirent. Résultat? Dix minutes plus lent à son deuxième demi-marathon! Les plans d'entrainements et les conseils présents sur ces sites ne lui avaient pas permis d'obtenir une progression stable et constante.

À la suite de ses expériences décevantes, il a décidé de concevoir son propre concept d'entrainement, ENDUROFIT ONE. Un concept qui lui permet de progresser, tout en réduisant son risque de blessure. Son défi? Prouver que ce concept peut s'appliquer pour des distances pratiquées du 5 km au marathon. Sa philosophie d'entrainement est basée sur un résumé de ses lectures, de ses expériences vécues, de tests pratiques sur le terrain et de ses essais et erreurs.

BIBLIOGRAPHIE

Albertus, Y. (2008). Critical Analysis of Techniques for Normalising Electromyographic Data. Ph.D. thesis, University of Cape Town, Cape Town, 1–219.

Di Prampero, P.E., Atchou, G., Brückner, J.C. et al. The energetics of endurance running. Europ. J. Appl. Physiol. (1986) 55: 259-66.

Brooks, G.A. et coll. (1999) - Role of mitochondial lactatedehydrogenase and lactate oxidation in the intracellular lactate shuttle. Proc. Natl. Acad. Sci. USA 96, 1129-1134.

Hill, A. V., Long, C. H. N., and Lupton, H. (1924a). Muscular exercise, lactic acid and the supply and utilisation of oxygen: parts VII-VIII. Proc. R. Soc. Lond. B Biol. Sci. 97, 155–176.

Hill, A. V., Long, C. H. N., and Lupton, H. (1924b). Muscular exercise, lactic acid, and the supply utilization of oxygen: parts I-III.Proc. R. Soc. Lond. B Biol. Sci. 96, 438–475.

Hill, A. V., Long, C. H. N., and Lupton, H. (1924c). Muscular exercise, lactic acid, and the supply utilization of oxygen: parts IV-VI. Proc. R. Soc. Lond. B Biol. Sci. 97, 84–138

Hill, A. V., Lupton, Hartley; Muscular Exercise, Lactic Acid, and the Supply and Utilization of Oxygen, QJM: An International Journal of Medicine, Volume os-16, Issue 62, 1 January 1923, Pages 135–171.

Léger, L., Cazorla, G., Petibois, C. & Bosquet, L. (2001). Lactate et exercice: mythes et réalités. Staps, no 54(1), 63-76.

Noakes, T. D., St Clair Gibson, A., & Lambert, E. V. (2005). From catastrophe to complexity: a novel model of integrative central neural regulation of effort and fatigue during exercise in humans: summary and conclusions. British journal of sports medicine, 39(2), 120-4.

Noakes, Timothy David. Fatigue is a Brain-Derived Emotion that Regulates the Exercise Behavior to Ensure the Protection of Whole Body

Homeostasis. Frontiers in physiology vol. 3 82. 11 Apr. 2012.
Sloniger, M. A., Cureton, K. J., Prior, B. M., and Evans, E. M. (1997a). Anaerobic capacity and muscle activation during horizontal and uphill running. J. Appl. Physiol. 83, 262–269.

Sloniger, M. A., Cureton, K. J., Prior, B. M., and Evans, E. M. (1997b). Lower extremity muscle activation during horizontal and uphill running. J. Appl. Physiol. 83, 2073–2079.

www.ingramcontent.com/pod-product-compliance
Lightning Source LLC
Chambersburg PA
CBHW032051150426
43194CB00006B/489